発達障害児への
ライフスキルトレーニング
LST
Life Skills Training

学校・家庭・医療機関でできる練習法

医学博士
平岩幹男【著】

合同出版

まえがき

長かった勤務医の生活からフリーの医師になって8年余りの日々が流れました。いろいろな制約を逃れてフリーの生活になったのですが、忙しさも相当なものでこの間は公的にも私的にも山あり谷ありでした。

最近は忙しくてあまりお手伝いできなくなっているのですが、フリーになった当初から成人の知的障害者のための通所支援施設でお手伝いをする機会が何度かありました。さらに講演などで通所している方を拝見したり、施設の対応についてアドバイスする機会も多々ありました。

そこで何度も感じたことは、おそらく子どものときから適切なトレーニングをされていれば、今いる場所はもしかしたら普通の社会だったかもしれない方がおられるということでした。適切なトレーニングがなければ、伸びるところも伸びないで大人になってしまうかもしれません。

ライフスキルという言葉をお聞きになったことがあるでしょうか。ライフスキルとは、社会生活を送っていくうえで必要なさまざまな技術のことだと考えています。それはコミュニケーションや行動をコントロールする能力、日常生活習慣の獲得まで多岐にわたります。

ＷＨＯ（World Health Organization：世界保健機関）は、１９９７年に精神保健プログラムの1つとして「ライフスキル教育」についての紹介とガイドラインを発表しました。ここでライフスキルとは「日々の生活において要求を適切に処理したり課題をこなしていくことができるようになったりするために必要な、社会適応や積極的な行動ができる能力」（「通学している学童や思春期の子どもたちのためのライフスキル教育」）と定義されています。

ＷＨＯは児童・生徒を対象としていますが、５歳であるのか10歳か15歳かによって、その時点で必要とされるスキルは違います。子どもは時間をかけて大人になっていきますが、私は、こうしたスキルは大人になっていく過程のなかで身につけていくことになると考えています。

注意されたり叱られたりする行動が減っていくたびに、ほめられる行動が増えるたびに、子どもは大人への階段を一歩上り、ライフスキルを身につけていきます。これは発達障害を抱えている場合だけではなく、すべての子どもたちに共通して対応できることでもあります。

すべての子どもたちが適切にライフスキルを身につけることが私の願いですが、日頃かかわっている発達障害を抱えた子どもたちが、ライフスキルを身につけたらもっと楽になるのにと感じることが多々ありました。発達障害によって困難を抱えている場合には、行動やコミュニケーションの問題を抱えやすいため、しばしばライフスキルが適切に習得できなかったり、あるいは二次障害などによって習得が置き去りにされたりしていることもあります。大人になって社会で生活していくためには、学習能力（アカデミックスキル）だけではなくライフスキルの習得も欠かせません。

一方、ライフスキルは、子どもの生活の場でもある学校においても習得できるものが多いと感じてきました。学校はともすればアカデミックスキルに力点が置かれがちですが、ライフスキルを学ぶことによって、教師にとっても子どもにとっても学校生活はより円滑に、そして楽しいものになっていくと考えています。

学校だけの問題ではありません。家庭でも医療機関でもこうしたスキルを獲得するためのトレーニングを行なうことは可能です。

先にあげたＷＨＯの提言のなかには実際に訓練するための方法も少し書かれていますが、本書は、これまで多くの発達障害を抱える子どもたちに対応してきた経験から、ライフスキルを習得するための方法論としてのライフスキルトレーニング（Life Skills Training：ＬＳＴ）についてまとめました。

スキル（技術）ですから、それなりの練習と、同じことができる再現性が必要です。練習は行き当たりばったりでするのではなく、計画性も必要ですし、子どもたちに技術を身につけてもらうのであれば、それを教える大人たちにもそれなりの技術が必要になります。

人生を80年と仮定して、それを1日24時間だと考えますと、20歳までの時期は6時間に過ぎません。もっと言えば、小中学校の時期はわずかに3時間足らずです。

しかし、この時期には義務教育という、基本的には成人に向けての学習や社会に出るためのトレーニングもする時期ですから、そこを上手に乗り切るかどうかで、その後の18時間の「質」は大きく変わってくると考えています。

本書は基本的には小中学生を中心としてまとめましたが、未就学児でも成人でも応用できる部分は多いと考えています。

保護者や医療関係者、小中学校をはじめとする教育関係者はもとより、子どもを取り巻く多くの方がＬＳＴについて理解をしていただき、それによって現在だけではなく将来の生活の質を変えることに参加していただければ望外の喜びです。

２０１５年７月　平岩幹男

もくじ

Small Step

やめて

第7章 子どもを支えるということ

第1章　ライフスキルトレーニングとは

ソーシャルスキルトレーニング（Social Skills Training：SST、社会生活訓練）という言葉をよく耳にされると思いますが、SSTはその起源からも対人関係技能の向上による社会生活の円滑化や集団への適応を言語的な手段を介して行なうことが大きな目標でした。

しかし対人関係以外にも、生活習慣を規則正しくする、必要なときにがまんする、自分の感情をコントロールするなど生活をしていくためには必要な「技術」が数多くあります。それらを言語的手段以外の非言語的手法を含めているのがライフスキルであると考えています。スキルを習得するためにはそのための練習が欠かせません。その練習がライフスキルトレーニング（LST）です。

ライフスキルトレーニングとは

ライフスキルは、必要とされるスキルが、年齢によって違います。

たとえば、新生児であれば何もいらないかもしれません。しかし、3歳児になれば、ほしいものを要求したり、指示を聞いて、そのとおりに行動したりするスキルが必要になってきます。小学生になれば、きちんと座っている、授業を聞く、黒板の字を写す、成人になれば、適切に職業をこなして稼ぐ、家庭を築くなど社会で自立して生きていくスキルが必要になります。

そうなると現時点で何が必要かということと同時に、今すぐに必要ではなくても、5年後、10年後、20年後、成人になって社会で生活していくために何が必要になるかということも同時に考えなければなりません。そのスキルが大人になってからの生活を支えることにつながります。

WHOのライフスキル教育には10項目のスキルがあげられています（表①）。今から20年前にこれだけのことをまとめていたWHOの慧眼《けいがん》はすばらしいものです。

しかし、ここでは社会に対しての対応やコミュニケーションが中心となっており、あいさつや片付けなどの日常生活習慣の確立には触れられていません。日常生活習慣の確立は、定型発達児はもとより発達障害を抱えた子どもたちにとっては将来の生活を支えるうえでも欠かせない技術です。

また、WHOはライフスキルをeducation（教育）としていましたが、私はライフスキルを身につけるためには「教育」という概念的なものではなく、スキルを身につけるための具体的なトレーニング、すなわちライフスキルトレーニング（LST）が必要ではないかと考えています。

さてそうなると、LSTはソーシャルスキルトレーニング（SST）とどこが違うのでしょう

表① WHOが発表したライフスキル教育の10項目

Decision making
①物事を決める：いろいろなことに耳を傾けて意思決定をすることは健康にとっても重要である
Problem solving
②問題を解決する：問題解決ができなければ精神保健面にも悪い影響を与えるし、ひいては身体面にも影響を与える
Creative thinking
③創造的に考える：意思決定にも問題解決にも必要であるし、日々の生活に適応し円滑にするためにも役立つ
Critical thinking
④批判的に考える：行動に影響を与えかねないプレッシャーやメディアに対して流されずに批判的な考え方ができることは健康面でも役立つ
Effective communication
⑤効果的にコミュニケーションをとる：言語的、非言語的コミュニケーションを適切にとることは意見や要求を伝えるだけではなく必要なときに援助や助言を得ることに役立つ
Interpersonal relationship skills
⑥対人関係をつくる技術：家族をはじめとしてかかわっていく人と積極的に行動するためには必要であり、精神的にも社会生活面でも役立つ
Self-awareness
⑦自己認識をする：自分の特徴や長所短所、好き嫌いを認識することによってストレスやプレッシャーに対応しやすくなる
Empathy
⑧共感する：仲が良くても良くなくても他人がどう感じているかを考え、違いを認識することは社会や文化の多様性を認識することにもつながるし、他人に寛容になったりたとえばAIDSの感染者にも、精神障害を抱えた人にも支援ができたりすることにつながる
Coping with emotions
⑨感情をコントロールする：感情が行動に影響を及ぼすことを理解し、自分や他人の感情を理解することは、怒りや悲しみなど健康に負の影響を与える感情を軽減することにつながる
Coping with stress
⑩ストレスに対応する：いろいろなレベルのストレスをコントロールすることは環境からのストレスを軽減し、避けられないストレスに対してもリラックスして対応することで、大きな健康問題にいたらないようにする

か。

SSTは1970年代にロバート・リーバーマン教授によって提唱された行動療法の1つであり、統合失調症という当初の対象から現在は発達障害にまで広がってきています。

私も今までは発達障害を抱えているかどうかにかかわりなく、子どもたちの生活技術をあげ、困難に対応していくことがSSTだと考えていました。しかし、SSTでは対人関係のスキルやコミュニケーションスキルが重視されることから、言語的手法が中心となっています。また場面や状況を設定して行なうので、実際に困難な場面に遭遇したときにすぐに対応できないという問題もありました。

そのため本書では、表②のポイントを強調し、LSTを進めていきたいと考えています。

表②　LSTのポイント

1	現在抱えている問題点だけではなく、大人になって社会に出ることも視野に入れよう
2	言語的なアプローチだけではなく、非言語的なアプローチも使おう
3	対人関係などだけではなく、自立に必要な日常生活習慣も習得しよう
4	困難があれば、あるいは予測されれば対応を練習しよう
5	トレーニングはさせる側もする側も、理論に基づく練習をしよう

アカデミックスキル・フィジカルスキル・ライフスキル

教育の要素として、知育、体育、徳育があげられます。

これらを技術的な対応として考えたときには、アカデミックスキル＝学力（知育）、フィジカルスキル＝身体能力（体育）、ライフスキル＝社会生活能力（徳育）と見ることもできます（図①）。

一般的に学校教育ではアカデミックスキルとフィジカルスキルについては技術面からの指導法も研究されています。ライフスキルを徳育と考えると、精神論に傾いて技術からは遠くなってしまうように思われます。しかし技術であれば練習することも上手になることもできます。

これまでに発達障害を抱えた方をたくさん拝

図①　身につけるべき３つのスキル
アカデミックスキル・フィジカルスキル・ライフスキル

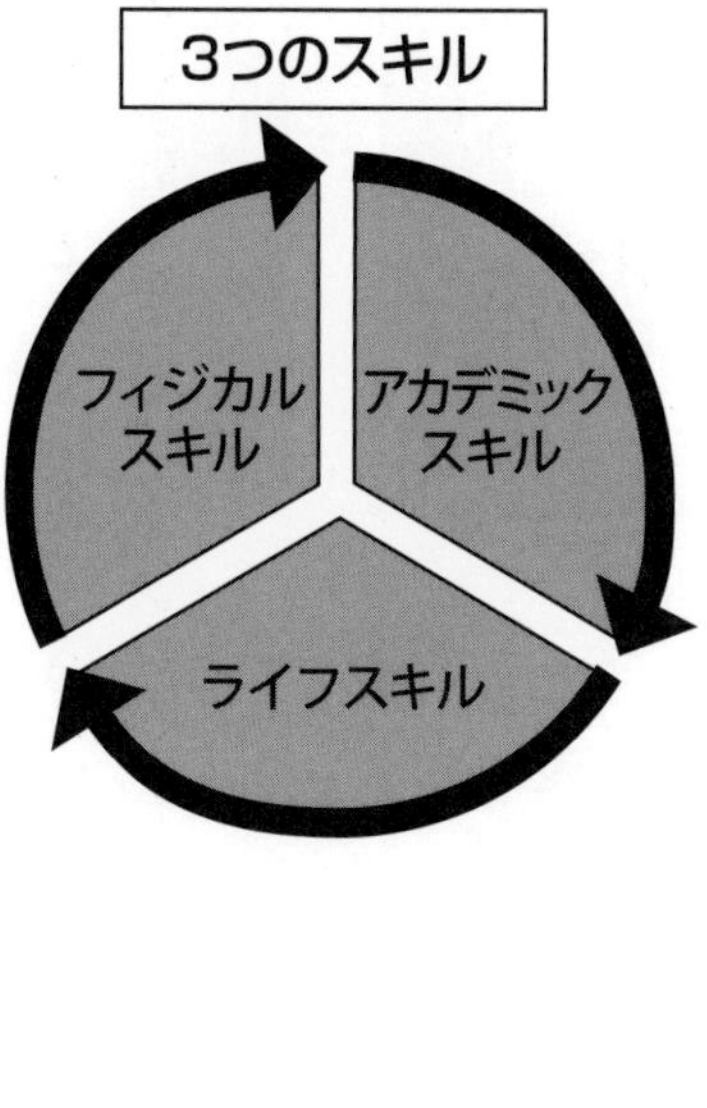

見してきましたが、とくに大人の方の場合、身につけるべきスキルが身についていないために、職業上も、家庭生活も含めて、社会生活でとても苦労されている方をしばしば見かけます。子どもの時期に身につけることができたらよかったのにと悔やまれることがあります。

子どもが大人になるまで、実はそれほど長い時間が準備されているわけではありません。発達障害を抱えていてもいなくても、今必要なライフスキルを身につけるということだけではなく、将来にわたってどのようなスキルが必要かを、今から考え、それを計画的に習得する必要があると考えています。

教師に求められる技術

子どもにライフスキルを習得させるために、大人にも必要なことがあります。

たとえば、子どもへの対応が上手な教師は「やさしい」とか「ハートが熱い」「子どもの立場に立って考えている」などといわれるようですが、本当にそうでしょうか。

一般的に教師は熱意と親身さがまず評価され、技術レベルは客観的に評価することがむずかしい職業です。しかし、クラスの学力が向上しない、クラスがまとまらない、保護者とのコミュニケーションがうまくいかないといったときに、やる気や人格だけで対応できるでしょうか。

私は医者と教師にはいくつかの共通点があると考えています。どちらも国家資格職で、「先生」

と呼ばれることが多く、いわゆる知的職業に位置づけられていることも共通していると思います。
ある保育園で、「どんな小児科医にかかりつけになってほしいですか」というアンケートを保護者の方を対象に行なってみました。

上位に来たのは「やさしくて説明が丁寧な先生」「女性の先生」「待ち時間が少ない先生」で、「診断と治療が上手な先生」は入りませんでした。それは当たり前のことだと一般の方は考えているかもしれませんが、医者としてみれば、それは違います。

たとえば外科で命にかかわる病気で手術を受ける場合を考えてみましょう。

「人柄、やる気、技術のうちどれを選びますか」と聞けば、多くの人は「技術」と即答するでしょう。実際には小児科の場合でも同じです。同じような発熱でも重症化することもしないこともあります。それを見分けて、必要な検査はするが不必要なことはしない、後で状況がわからなくなるような治療はしない、これらは理論に裏付けされ、くり返して行なうことで習熟する技術です。「人柄」や「やる気」でできるものではありません。

もちろん適切にコミュニケーションをとるためには人柄も必要ですし、職業であればやる気も必要ですし、さらに知らない病気は診断できませんから、勉強することも必要です。

教師も同じだと思います。外から見れば「人柄」や「やる気」が重要に見えても、子どもを教えるためにはそれなりの技術と習熟度と、それにより予測された結果が導き出されることを認識している必要があると考えています。

いろいろな先生方とお話をしたり、学校で相談に乗っていると発達障害のことはよく知らないといいつつ、子どもへの対応が感心するくらい上手な先生がいます。

一方で熱心に勉強されて、たとえば私の講演会でも質問されたりするのですが、学校現場に戻ると、子どもへの対応に戸惑っている先生もおられます。

上手に対応するということは、別に才能があるからできるとか、才能がないからできないとかではなく、技術的な練習を重ねるかどうかが鍵だと考えています。練習をしないで、行き当たりばったりの対応をしていると、それなりの結果しか出てきません。

技術を習得する

技術とは何か。たとえば、車の運転を考えてください。

車に乗り込みます。いきなりアクセルを踏みます。車は動きません。まずエンジンをかけて、パーキングブレーキを解除して、アクセルを踏んで……という、動かすためには決まった手順があります。手順を覚え、それを実行することによって、車を運転できるようになります。

その手順を、多くは自動車教習所でくり返し練習し、関係法令も学習することによってほとんどの方は試験に合格すれば、自動車運転免許証を手にすることができます。そこから実際に車を運転していくうちに、だんだん運転が上手になっていきます。

しかし、車を動かす基本的な手順はいつも同じです。日によってエンジンをかけたりかけなかったりするわけではありません。運転免許をもらっても、慣れるまでは若葉マークがついています。もちろん運転も好きな人もそうではない人もいますし、うまくなる人もならない人もいます。うまくなる人はたくさん運転するか、考えて運転している人です。頭のなかで運転のイメージトレーニングだけをいくらしても、それだけで自動車の運転が上達することはありません。同じことを同じように再現することのくり返しです。そのなかで自分らしさが発揮できるようになることもあると思います。

たとえ上達しても運転しなければ技術レベルは落ちます。私も以前は自動車によく乗っていましたが、最近はウォーキングが多くなり、運転はすっかり下手になりました。とくにバックの感覚が悪くなり、運転回数が減りました。

学校教育における技術も、このように考えていただければよいと私は考えています。

もちろん算数の教え方、国語の教え方にも多くの技術があると思いますが、教科学習は私にとっては専門ではありませんので、本書で紹介するのは「子どもへの基本的対応」のための技術です。

よく「子どもをほめてください」「ほめることが大切ですよ」といいますが、それを聞いただけでほめることが上手になるでしょうか。私はならないと思います。ほめるには「練習」が欠かせません。練習をしないとタイミングも含めてなかなかほめることが上手にはなりません。

私も外来診療で子どもと対応するときに「ほめる」ことは重要な技術と認識していますので、

毎朝、川べりをウォーキングする際にほめる練習をしています。しばらく練習をサボっていると下手になっていることが自分でもよくわかります。イメージトレーニングをいくらしても口に出さなければダメです。

技術は、基本に忠実に理論に基づいて習得し、練習して習熟することはもちろんですが、さらに再現性が欠かせません。それを維持するためには一度覚えればよいというものではなく、維持するための努力も必要です。

また、先生がその技術を子どもたちに使うだけではなく、子どもたちも、その技術を使えるように練習していく必要があります。

子どもをきちんと見る

たとえ子どもに対して使える技術を身につけたとしても、それを子どもにどのように使っていくかは1人ひとりによって違います。子ども1人ひとりの状況や特性を把握しなければ、技術を使うことはできません。顔と名前を覚えただけではできません。

私も外来診療で心がけていることですが、その子の動き方、表情、反応などをなるべく覚えるようにしています。ビデオを撮るように記録しておき、後で分析してまとめることが理想ですが、忙しいのでなかなかそのとおりにはいきません。

初診の子どもだけは受診前にそれまでの経過などの基本情報を把握しておき、診察のときには子どもの様子をなるべく見ることができるように心がけています。

しかし、子どものための診察にもかかわらず、保護者と対応することも実際にはあります。とくに子どもに学校がうまく対応してくれないといったクレームなどでは保護者と話す機会が多くなります。となると子どもよりも保護者の情報を得ることに目がいきかねません。

しかし大切なのは子どもです。保護者への対応は子どもがうまく生活を送ることができるようにする、すなわちライフスキルをはじめとしたいろいろなスキルを身につけるための対応の一環であると考えています。もちろん保護者が病気になったり、不安定になったりしたために子どもの生活状況や心理状況に影響が出ることもあります。その場合には別の職種と連携をするなどして対応を試みています。

もう1つお話ししておきたいことがあります。子どもに発達障害の診断名、たとえばADHDという診断名がつくと、それが子どもへのレッテルになってしまう危険性があります。

ADHDは行動のパターンなどの問題であり、知的な問題も普通はありませんし、ADHDが子どもの人格そのものというわけでもありません。障害名があるとすぐに配慮や支援の話になりがちですが、障害は基本的に子どもの一部に過ぎないので、障害を前提としてしまうと対応はどうしても回避的になりがちです（図②）。

まずは子どもをよく観察して、その子のよいところを見つけるようにすること。

これが回避的にならないコツであり、かつ問題行動に振り回されずに冷静に子どもを観察して、技術を発揮する方法を考えることにつながります。

自己決定権と主導権

つぎに大切なことは、自己決定権です。

たとえば「片付けなさい」と言われて、片付ける、これは命令形です。片付けたとしても自分で決めたわけではありません。命令されてしているので自己決定権は使われていません。

「散らかしてはダメです」と言われて、散らかさないとすればそれは禁止形です。やはり自己決定権は使われていません。しかし、「片付けてくれたらうれしいな」と言われると、これは希望形ですが、自分で決めて片付けたとした

図② 山下君はどんな子？

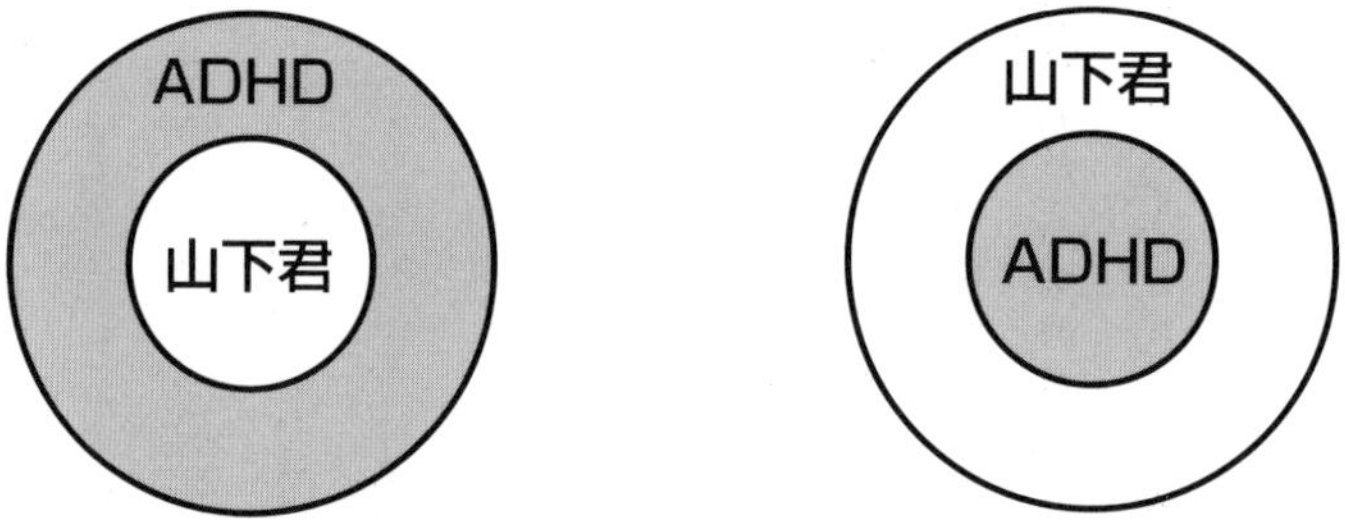

ADHDの山下君は
何でもよく食べ、
友だちも多いが、
じっとしているのが苦手だ

何でもよく食べ、
友だちも多い山下君だが、
じっとしているのが苦手で
ADHDと診断された

どちらが山下君の全体を見ているでしょうか

ら、それは自己決定権を行使したことになります。

もちろん「片付けてくれたらうれしいな」と言っているわけですから、片付けたらほめ言葉が必要です。そこでほめ言葉を節約すると、その行動が無駄であったと学習するかもしれません。

一般的には自分でしようとする、すなわち自己決定権を行使したほうが行動はスムーズになります。これは片付けだけではなく日常生活全般にいえることで、子どもだけではなく大人も同様です。しかし、自己決定権を行使させることだけに目がいくと、子どもが好きなことだけを自己決定してそれをすればよいということになる危険性があります。

たとえばゲームをしたいので、することに決めてずっとしている。これは自己決定したからよいのでしょうか。そうではありません。

自己決定権と同じくらい大切なものが主導権です。先ほどの「片付けてくれたらうれしいな」は、大人が主導権を持って、子どもに自己決定させて片付け、その結果を大人がほめました。ゲームの場合は子どもが主導権を持ち、ゲームをすることを自己決定して実行しました。しかしそれをしているだけでは大人にとって望ましいことではないので、ほめるわけにはいきません。

自己決定権は尊重するけれども、主導権は渡さない。大人と子どもは同じ人間ですが、社会的には同じではありません。それがわかっていないと自己決定権を大切にするあまり、主導権まで渡してしまいます。

たとえば小学校低学年で、教室が少しうるさかったとします。みんなを静かにさせるために言う言葉は、まず命令形で「静かにしなさい」、禁止形で「騒いではいけません」が多いでしょう。

そこで「静かにできる子は手をあげてみてください」と言ってみてください。

最初から全員があげるわけではありません。数人があげたら「一緒に静かにできる子、手をあげてください」と続けます。そこである程度手があがってきたら「手をあげた子は先生が話すまで静かにしてください」と言います。手をあげた子は静かにしますが、主導権は持っていません。しかし静かにすることは自己決定をしていることになります。

もちろん静かになったら「やったね！」とほめておくことを忘れません。半分くらいの子が急に静かになれば、多くの場合には残った子も静かになります。

達成感を獲得させる

自己決定権に加えて達成感を獲得することによって行動は加速されます。すなわちやる気が出るということです。このやる気を上手に使うためには、指示が具体的であったほうがうまくいきます。

たとえば「国語の勉強をしてください」ではなく、「国語の教科書の15ページから20ページまで勉強しておいてください」のほうが具体的ですし、そのように宿題を出しておいて「できた人は？」と聞いて手をあげてもらい、あげた人とは後でお話しするハイタッチをします。それをしてからテストをします。テストができてもできなくても、宿題をしたということの達成感がハイタッチによって確保されます。

この手順なしに、テストをして出来不出来を判定しても子どもたちの達成感は保証されませんし、つぎの「やる気」にもつながりません。

たとえば運動会で、「このクラスが優勝しよう」と担任の先生が提案しました。よくあることですが、ここで重要なことは先生が意気込んで熱くなって子どもたちに語りかけるのではないということです。もし優勝したとしても、そこで得られる達成感は子どもたちのものです。優勝して先生が達成感を持っても仕方がありません。というよりその流れですと、もし優勝できなかったときには「もうちょっと練習が足らなかったかな」と言うしかないかもしれません。

先生が主導権をとっていたとしても、「優勝するように練習しよう」と子どもたちが努力することを自己決定しているのであれば、優勝できなかったとしても「みんな、すごかったね。あれだけ一生懸命、みんなが努力をしたことが先生もとてもうれしかった。また機会があったら、もう少し努力を積んでみよう。そうすれば違った結果になるかもしれないね」と言えます。努力をしたことについての子どもたちの達成感を最低限保証することができます。

★セルフ・エスティーム

セルフ・エスティーム（self-esteem）は「自尊感情」「自尊心」「自分を大切に思うこと」などさまざまに訳されますが、どれも今一つなので、そのままセルフ・エスティームと表現しています。

私たちが生きていくために、自分に自信が持てることや自分を大切にできることは子どもだけではなく、大人にとっても大切なことです。また、発達障害を抱えているかどうかにかかわらず、すべての子どもたち、大人たちに大切なことです。

しかし、発達障害を抱えていると注意されたり叱られたりすることが多いため、どうしてもセルフ・エスティームが低下しやすく、それが二次障害につながることもあります。

セルフ・エスティームが高い状態は、自分に自信もあって笑顔も出ることが多いですし、日々の生活も楽しいように思われます。一方、低い場合には自信をなくしやすく、生活をしていくうえで多くの課題を抱えているかもしれません。子どもたちにかかわっていくうえで、どうやって子どもたちのセルフ・エスティームを高くするかは、とても大切なテーマです。

第2章 ライフスキルトレーニングの基本技術

この章ではLSTを行なうために、行なう側（基本的には大人）が身につけておく基本的な考え方や技術についてお話しします。

基本的なことを身につけていただければ、実際のLSTは容易に実施することができますし、子どもたちの行動やコミュニケーションも変わっていきます。

ベターの積み重ねがベストをつくる

まずすべてを最初からできるようにしようと欲張らないことです。できることを増やすということにはそれなりに時間がかかります。最初から100点をめざすのではなく、まずは70点をめざしましょう。

70点がコンスタントに取れるようになったら80点と、徐々に目標をあげていけば100点はそのうちに取ることができてきます。ベターをめざして、急がないで少しずつ積み重ねるということです。

例として、小学校3年生の男子の立ち歩きチェック表をあげました（表③）。縦軸が時間、横軸が曜日になっています。

最初の約束どおり1時間座っていられたら、連絡帳の表に○をつけてもらいます。給食を入れて全部で6つの欄があります。6つのうち4つ立ち歩かないで座っていられたら、その日は☆マークがつきます。家に帰ってこの☆のマークがあれば、冷蔵庫の扉にマグネットを貼ります。この☆が5個集まったら大好きなハンバーグをお母さんがつくってくれます。

ここで大切なことは、もし立ち歩いても×はつけないこと、3個しか○がたまらなかったときに「もう少しがんばればよかったのに」と言わないことです。×がつくと少しやる気が減ります。「～～すればよかったのに」と終わった後で言われても取り返しはつきません。

表③　小学校3年生の男子の立ち歩きチェック表

	月曜	火曜	水曜	木曜	金曜
1時間目	○		○	○	
2時間目		○			○
3時間目	○	○		○	
4時間目	○		○	○	
給食		○	○		○
5時間目		○		○	○
星		☆		☆	

できたときにはほめることのくり返し、それも急がずに少しずつが基本です。

「Y君はちゃんと座っていられるのに、あなたはどうしてできないの？」という言葉かけもよく見られます。大切なのはこの子が座っていられる時間を増やし、それができたらほめてもらえるようにすることであって、ほかの子を引き合いに出してもうまくはいきません。

小さな「ほめる」のくり返しで子どものセルフ・エスティームも上昇します。するとつぎの学期には5個できたら☆に変えることができるかもしれません。しかしだれでも失敗することはあるので、6個できなければ☆がもらえないというやり方はしません。

こうした努力をくり返しながら、最初のうちは1時限のあいだに何度も立ち歩いていた子どもが、なんとか座って授業を聞いていられるようになります。立ち歩くたびに注意することをくり返して、1時間すべてを最初からじっとしているようにしようとすると、ほとんど失敗します。

ベターの積み重ねからベストをつくり、セルフ・エスティームもあげるという方法です。このように急がないで少しずつ目標を達成することをスモールステップ（small step）化と言います。結果を求めて急いでもうまくいかないことが多いのです。

歩くときには一度に一歩しか歩けません。一度に

焦らず一歩ずつ目標の達成をめざします

百歩歩けと言われてもだれもできません。それと同じことですが、われわれはつい結果を求めるあまり、急いだり焦ったりしがちです。

大人になるまでにはまだまだ時間があります。「急がば回れ」ということわざを思い出してください。急ぐ、焦るはわれわれがはまりやすい「わな」です。

できることを伸ばすが基本

わが国の教育システムは、できるところを伸ばすより、できないところを埋める、凸を伸ばすより凹を埋めるというやり方が多いように感じています。実際に「算数はできるけれども国語がこれでは困りますね」という発言も聞かれます。

しかし、算数ができる子にそれをほめながらどんどん算数をやらせていると、もっと得意になります。そのうちに文章題に苦労しますが、文章題の解き方をゆっくり教えているあいだに、今度は国語の解き方が上手になってくることもあります。

たとえば、読み書き障害のあるような子どもたちは、国語の教科書がなかなか読めない場合でも、ポケモンの攻略本であれば一生懸命読んで書き写したり、音読ができたりすることもあります。したがって、あまりできないものにこだわらないで、少しでもできるようにしようとすることが必要です。

どの子にも凸凹がありますが、凸を伸ばして凹を埋めようと努力をするよりも、凸を伸ばして、凹が少しずつでもついてくるようにすると考えることをおすすめします。

さらに学校は、「○○しないほうがいい」という、いわゆるネガティブキャンペーンで子どもたちをコントロールしようとすることが多いように感じます。「○○したらうれしい」「○○できたらすごいね」といったような、ポジティブキャンペーンで子どもたちを動かしたほうがお互いにうまくいくことが多いと思います（126ページ、中邑教授・プロジェクト参照）。

「困った」を「うまくいった」に変える練習をくり返す

できなかったことができるようになるためには練習が欠かせません。うまくいかなかったときに、つぎはうまくできるようにしようと考えていてもそうなるとは限りません。

たとえば、ゲームなどで負けたらキレてしまうような場合、「つぎは負けてもキレないでいられたらいいな」と言ってみても、また負ければキレてしまいます。

こういうときには、負ける場面をくり返し練習して上手に切りぬけられるようにすることが必要です。

たとえばじゃんけんで練習してみます。まず大人が負けたときに「まあいいか」と言います。ここから始めて両方が「まあいいか」と口に出すことをくり返します。お互いに言い続けることが大切です。「まあいいか」を子どもが口に出せたら、ハイタッチをするなどして「まあいいか」がさっと出るようにします。

これはとても応用範囲の広い方法です。「失敗した」「失敗しやすい」場面だけを取り出して、くり返し練習し、うまくいったらほめるというパターンを子どもに学習させます。

私はこの練習を「仕込み」（preparation）と呼んでいます。大切なのは、大人が冷静に笑顔で対応することと、苦手な場面を子どもが「笑顔のまま」で克服できるようにすることです。

仕込みには、いくつかの原則があります（表④）。

うまくできたときにはシールをあげたりマークをつける、それがたまったらご褒美をあげるなどはかまいません。物で釣ると物がなければ動かなくなるという反論を聞きますが、大人

表④　「仕込み」で気をつけておくこと

1	クリアしなければいけない場面を取り出して設定する…… じゃんけんを例にあげましたが応用範囲はとても多いです
2	子どもと大人が交互に練習する…… 子どもだけに練習させないで、交互にすることが うまくいくコツです
3	笑顔を崩さない…… 「できたらいいな」の気楽さで練習します

NG その場面で失敗しないようにあらかじめ言って聞かせる……
うまくいく練習もしていないので、その場面になっても思い出しません

だってきちんと仕事をしたら給料をもらうのは当たり前です。

大切なことはきちんとできたらほめられることです。言葉だけでいいこともありますが、過度ではない適切なご褒美を与えることは何の問題もないと思います。

3つのいいところを口に出す

幼稚園や保育園の先生方によくお願いしていることなのですが、最近は小学校の先生方にもつぎのお願いをしています。

クラスの子どもたち全員分の枚数、英語の単語帳を用意します。カードの表に子どもたちの名前を書き、裏にその子のいいところ探しをして、1人につき3つずついいところを書きます（図③）。

たとえば田中君のカードの裏には、「朝大きな声であいさつができる」「給食を全部食べる」「いつもにこにこしている」と書きます。その田中君は、実はADHDを抱えているため、授業中にしばしば立ち上がって歩くことがあります。

人数分できたらシャッフルして、出てきた子どものカードの裏側、すなわちいいところを口に出してみます。どのカードでも3秒以内をめざして読み上げるようにしてください。

この練習をしていると、立ち歩く田中君への回避感情（苦手意識）よりも、いいところが目につく接近感情（親近感・親しみ）が強くなることがわかってきます。それによって、田中君とクラスの関係性は多くの場合に改善します。

　最初はクラス全員ではなく、気になる子どもだけでもかまいません。３つのいいところを口に出す練習によってその子どもへの接近感情が増えてきますし、なんとなく嫌だなという苦手意識がなくなってくることが感じられると思います。その接近感情を保護者と共有することで、保護者ともうまくいくことが増え、保護者がモンスター化するリスクも減ります。

　しかしこれには練習が必要です。たとえば30人くらいのクラスですと、だいたい2～3カ月くらい練習しないと、なかなかできるようになりません。

　実際にロールプレイで、先生方に10人の子どもたちを選んでいただき、この方法を試していただきました。先生方もさすがにプロで、子どもたちのいいところがさっと出てきます。とこ

図③　名前といいところをカードに書く

←名前をカードに書く

- ●クラスの人数分のカード
- ●どれが出ても１人３秒で３つのいいところ
- ●声に出すことがポイント
- ●黙っていてはできない
- ●先生方みんなで競争しよう

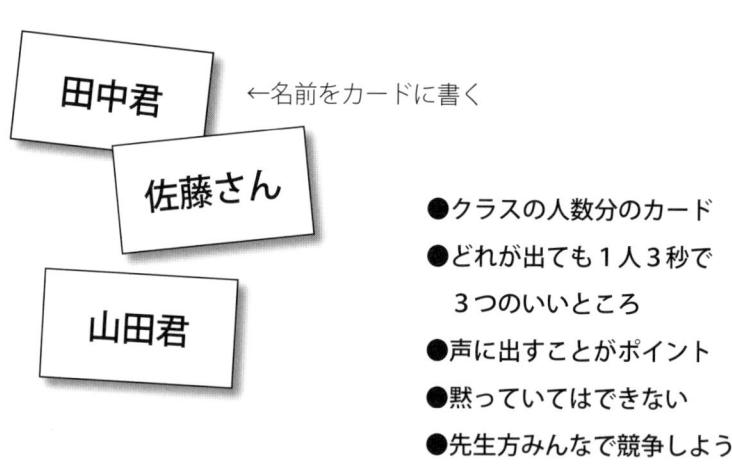

ろが8人目くらいまではよかったのですが、残りの2人、何か気になるところがある子どもたちに関しては、なかなかいいところが出てこなくて苦労されていることが多いようでした。

子どもに苦手意識を持てば子どもも持ちます。それを消すためには、いいところが瞬時に出てくるような練習が欠かせません。教師はお金をもらって子どもに接している「プロ」なのです。

田中君の例でもう一度復習してみましょう。

○田中君はどんな子?

A　田中君はADHDと診断されていて立ち歩きが多いが、「朝大きな声であいさつができる」「給食を全部食べる」「いつもにこにこしている」というところもある。

B　「朝大きな声であいさつができる」「給食を全部食べる」「いつもにこにこしている」などとても親しみやすい田中君だが、立ち歩きが多くてADHDと診断されたようだ。

どちらが田中君との関係性がよくなると考えますか?

すべての子どもたちにこうした対応ができるような練習は、これまでに保育園や幼稚園で行なってきましたが、かなりの効果がありました。小学校でもクラスの運営が変わってくると考えています。

ABC分析とは

問題行動は一般的に「止めたい」行動ですが、それを止める前になぜその行動が起きているか、心理学的に分析をしてみましょう。

子どもに限らず、行動は「原因」「実際の行動」「その結果」に分けて考えることができます。心理学ではＡＢＣ分析と呼ばれるものです。

環境からの先行刺激（Antecedent）、原因といってもかまいませんが、それがあってから実際の行動（Behavior）が起き、その結果（Consequence）がもたらされます。ＡＢＣ分析とは、行動をこのように要素に分けて考えてみようという方法です。

「信号が赤」という状況で、「渡らない」という行動であれば、結果としてほめられます。

子どもの問題行動は、
「A 原因」「B 行動」「C 結果」の
要素に分けて考えます

「周りがうるさい」という状況下で、「自分も騒ぐ」という行動をすると叱られることになります。

一般的には「周りがうるさい→自分も騒ぐ→叱られる」という流れのときには、周りが静かであれば自分も静かにするから、まず周りを静かにさせようと考えます。しかし、実際には周りはいつも静かになるとは限りませんから、「周りがうるさい→騒がないでがまんしている→ほめられる」ができるようにトレーニングすることを考えます。

多くの場合にはBの実際の行動が問題ですから、Aの原因に配慮して、Cの結果を「叱られる」「注意される」から「ほめられる」に変えることが目標です。

問題行動への介入の原則

ここで立ち歩く、私語が絶えない、暴力的な行動があるなどの問題行動が起きたときに、先生はどう対応するべきか、そのための原則を説明します。

1 注意する ⇩そのときには止まっても、何が問題かがわかっていなければまた起きる
2 無視する ⇩注目されなくてつまらなくて止めることもあるが、関係性は悪くなりがち
3 タイムアウトする ⇩外に連れ出す、1人残してみんな外に出る。冷静になるとは限らない
4 ほめて消す ⇩立ち歩きなどの場合に応用できるが、時間がかかり技術も必要

5　切り替える ⇩別の望ましい行動の指示を出してそれが実行できたらほめる

ＡＢＣ分析の本には問題行動への介入の原則は、注意する、無視する、タイムアウトするとよく書かれています。

たとえば立ち歩くという行動の場合、注意してそのときは止まっても、すぐにまた歩き出します。無視をしていたら、立ち歩くことは止められません。

タイムアウトをかけると、たしかに止まるかもしれませんが何人かの手が必要になりそうです。一時的にはクールダウンをしたとしても、そこでまたタイムアウトが終わり、少し時間が経つとすぐに始まることが多いと思います。

また、スモールステップにしてほめて消していくことが有効ではあるのですが、それなりに時間もかかりますし、そのための技術や心の準備も必要になります。

実際の方法は後でお話ししますが、比較的簡単なのは「切り替え」です。立ち歩いていて止まらないときに、「じゃあ、あれ取ってきて、取ってきたら座って」と指示を出すと、その指示をとりあえず実行して座るようであれば、ほめておくことができます。

ここで注意することは座ったからといって安心してはいけないことです。指示をしない空白の時間をつくると立ち歩きはまた始まります。

座ったら「本を読んで待っていて」「先生が書いた黒板の文章を写して」など具体的な指示を続けて出しておく必要があります。こだわり行動の場合にも、この方法が使えることが多いと感じています。

問題行動への介入の原則は、注意する、無視する、タイムアウト以外にも、切り替える、ほめるということも覚えていただければと思いますし、まずはABC分析でなぜその行動が起きているかを考えることです（図④）。

ほめるは1秒　叱るは3秒

ほめると叱る、これには1秒と3秒という2つのルールがあります。

1秒は、ほめるときです。ほめるべきタイミングになったら、1秒以内にほめてください。講演などでは秒速でほめてくださいとお願いしています。ほめるべきタイミングではすかさずほめることが欠かせません。時間が経てば経つほど、ほめることの効果は減少します。秒速でほめ、かつほめる回数を増やすために

図④　問題行動のABC分析と介入の例

A.　先生が指示を出した
B.　聞いていなかったので実行しなかった
C.　叱られた

Cの「叱られた」を変えることが目的

↓

①　Bで聞いていられるように、
　　Aで注意をあらかじめひいてから話す、わかりやすく話す

②　Bで聞いていなくても、
　　Bでほかのみんなの行動を見てそれにならって動くように練習する

は、黙っていてはできません。練習が必要です。

叱るとき、注意するときの基本は、３秒ルールです。生命に危険がある、安全に非常に大きな問題があるときには、瞬時に叱る、注意することは仕方ありませんが、基本は３秒待ってみてください。

叱ろう、注意しようとするときには、どうしても感情的になったり、感情が高ぶってしまったり、怒りの感情が爆発しそうになったりすることもよくあります。意外なことにこの「３秒」でかなり冷静になることができます。自分たちがクールダウンするために３秒待つのです。（表⑤）。

簡単そうですが実はとてもむずかしいことです。しかしこれができれば瞬間湯沸かし器的な感情まかせの注意は減ります。

私も練習していますが、しばしば失敗しています。このルールをうらやましいほど上手に習得される先生もおられます。その先生にお聞きしたのですが、練習をするとたしかに感情的に注意をすることが減るということでした。

感情的に対応すれば、子どもも当然、感情的になります。感情の応酬になってしまうと、何がいけなくて何をどうすればいいの

表⑤　３秒待って「やめなさい」を言う練習

練習１【声】	１、２、３と声を出して数えてから「やめなさい」
練習２【指】	目の前で指を折って１、２、３と数えてから（声は出さずに）「やめなさい」
練習３【心】	心の中で１、２、３と数えてから「やめなさい」

かということをお互いに冷静に考えることができなくなりかねません。これはプロとしてはおすすめできない状況であると言えます。

たとえば立ち歩く田中君に「座りなさい」と言ったら座ったけれども、また立ち歩いたとします。そうするとつぎはおそらくもっと大きな声で「座りなさい」と言い、また立ち歩いたとしたら最後には、怒鳴らなくてはいけないかもしれません。

なぜかというと、ほめられることに慣れてしまうことはあまりないのですが、叱られることには慣れてしまうからです。慣れを打破するためには、より強い叱り、より強い要求をと、エキサイトせざるを得なくなります。そして場合によっては体罰へとつながっていきます。

3秒ルールを守っていれば感情的ではなく冷静に叱ることができますので、効果が薄れることは少なくなります。

1秒ルール、3秒ルールはいずれも練習が必要ではありますが、応用範囲の広い基本技術です。

ほめる練習

ほめることの重要性はだれでも知っています。いろいろな講習会でも、子どもはほめて伸ばすということがよくいわれますが、それでほめるのがうまくなるかというと、なりません。実際に口に出してほめることを練習しなければ、いつまでたってもほめることは上達しません。

図⑤でとりあえずほめ言葉を10個あげてみました。このなかで毎日使っているのは何個ですか？

私は「やったね」「すごいね」「さいこう」「さすが」「かっこいい」は、外来診療の前や朝のウォーキングのときに毎日何回も口に出して練習しています。何日か練習しない日が続くと1秒では出てこなくなります。

ほめるのは1秒といっても、ほめ言葉を練習していないと1秒では出てきません。ほめなくてはと思ってからほめていると、2秒、3秒という時間が過ぎます。そして時間が経てば、子どものうれしそうな反応は少なくなります。瞬間にほめればほめるほど、子どもの反応はよくなります。ですから練習して早くほめるようにする必要があります。

しかし1秒で対応できるようになったとして

図⑤　ほめ言葉を練習しましょう

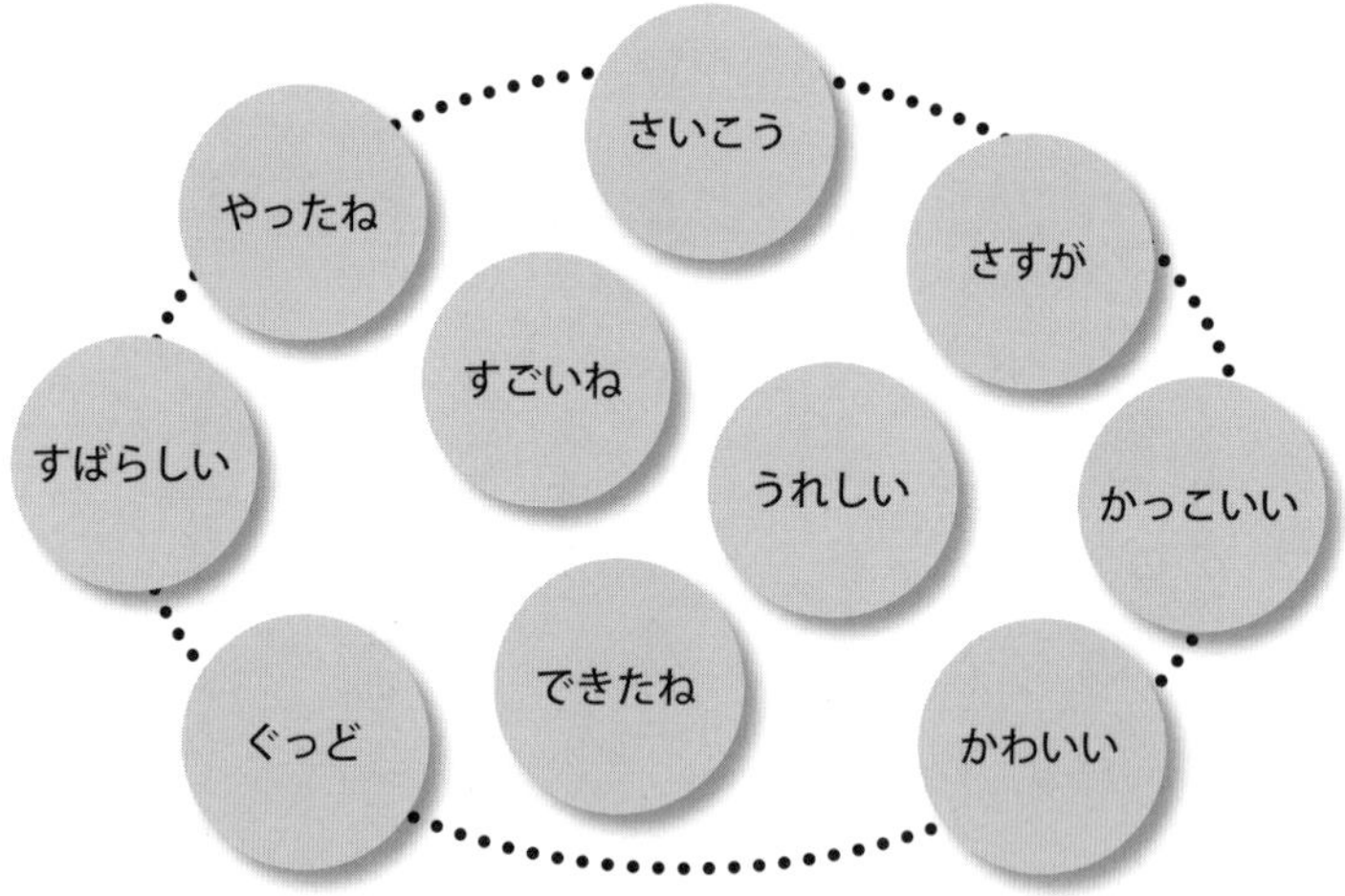

も、常に「すごいね」、あるいは「やったね」だけですと、1週間もすれば、子どもたちに「すごいね先生」「やったね先生」とワンパターン化していることが見透かされて、かえって効果が乏しくなるかもしれません。

最低でも5個のほめ言葉がぱっと出てくるようにします。たくさんのほめ言葉を使える先生にお聞きしたら15くらいというお答えでしたし、あるお母さんは30と話しておられました。

ほめ言葉を増やすことにはもっと大きな意味があります。当たり前ですが、ほめ言葉をたくさん持っていればいるほど、実際に使いたくなります。使いたくなるということは、ほめるチャンスが増えるということにつながります。ですからほめ言葉のレパートリーを増やすことは大切なのです。

ほめるのがうまい人、下手な人

ほめることが上手な人と下手な人がいます。その違いは何でしょうか。

ほめるなんて嫌だと思っている人は別として、一番の違いは、ほめるのを「待つ」か「待たない」かということです。

ほめるのが上手な人はほめることを待たないで、すぐにほめます。

ほめるのが下手な人はできてからほめようと思って、待つことがよくあります。待っていると、結局うまくいかなかったので、結果としてほめられなくなってしまうということがあります。

たとえば、40問の書き取りの問題をしていたとします。ほめるのが上手な人は4問できるたびにほめていきます。40問全部できると10回ほめることになります。一方、ほめるのが下手な人は全部できたらほめようと、40問終わるのを待ち構えています。全部できて1回ほめます。

しかし、たとえば20問まで終わったらやめてしまったという場合を考えてみましょう。ほめるのが上手な人は、ここまでに5回ほめています。ほめるのを待っていたとすると、20問で止まってしまっていますから、どうして40問全部できないかを注意しなくてはいけません。この差がとても大きいのです。

先ほどベストではなくベターをめざすとお話ししましたが、20問しかできなかったけれども、それまでに5回ほめていれば、つぎは6回ほめてもらおう（すなわち24問できる）、あるいは7回ほめてもらおう（28問できる）と広がってくる可能性が高いのです。20問で止まってしまったとしても子どもの気持ちにも大きな差があります。

上手にほめようと考えるのであれば、待たずに、こまめに、気軽にほめることが大切です。

ありがとうの効果

ところが、突然ほめることを意識して、それまであまりほめてはいなかったのに、急にほめ始めると、子どもたちは先生がなんか変だとすぐに気づきます。

大人でも、突然パートナーから「最近きれいになったね」「最近かっこよくなったね」ということを言われると、よほど自信のある方は、やっと今頃わかったかと納得されるかと思いますが、なかなか普通はそうはいきません。急にほめられると、何か下心があるのではないか、おだてているのではないかと感じるわけです。下心を疑うのは、大人だけではなくて、子どももまったく同じです。

するとせっかくほめようと思っているのに、子どもたちがかえって引いてしまい、うまくいかないという事態が起きます。下心を疑われてはほめ言葉の効果はありません。

そういうときに必要な言葉が、「ありがとう」です。

「ありがとう」と突然言われても、だれも下心を感じることはないでしょう。なぜなら、何かをしてもらったときに、お礼として「ありがとう」と言うことが多いからです。

「ありがとう」と言われても嫌な気がすることはあまりないので、「ありがとう」もほめ言葉の一部であると私は考えています。

学校でも家庭でも同じですが、「ありがとう」を増やすコツはお手伝いです。子どもにちょっとしたお手伝いや、仕事をしてもらい、ほめるためのサイクルを回していきます（図⑥）。

たとえば、外来診療でADHDを抱えた小学校2年生の佐藤君に、私は机の端から故意にボールペンをポトンと落とします。

「佐藤君、拾って」。佐藤君が拾います。私が「拾ってくれてありがとう」と言ってまた落とします。「佐藤君、拾って」。佐藤君が拾います。「ありがとう」。また落とします。「佐藤君、拾って」。「先生、わざとでしょう」。「わざとです。だけど、拾ってくれたらうれしいな」。

これだけで、佐藤君は拾ってくれます。

ありがとうの練習（仕込み）

「ありがとう」をたくさん言うためにも仕込みが必要です。

「ありがとう」をたくさん言っていると、人間関係が少しずつ変わってくるかもしれません。親子関係がうまくいかないと感じているお母さん方には、「お手伝いをしてもらって、ありがとうを1日50回言いましょう。それは子どもを

図⑥　ほめるためのサイクルを回す

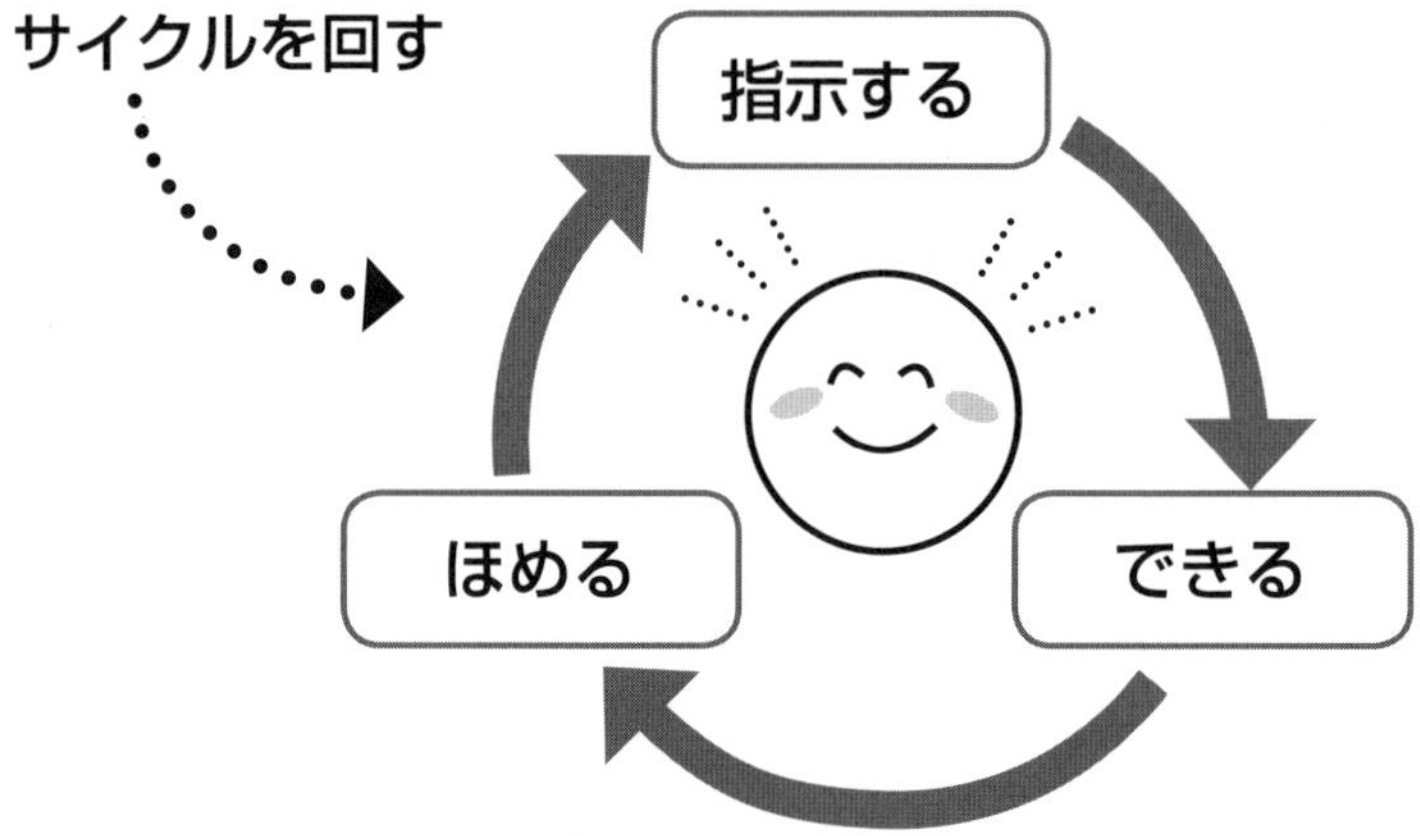

50回ほめているということですから、それだけで親子関係は変わってきます」と、よくお話をしています。「ありがとう」が溢れてくるということはみんなの笑顔にもつながります。

これは、幼児から小学生、中学生、さらには大人まで、学校でも家庭でも共通することです。「ありがとう」を連発するということはとても大切ですが、やはり意識して練習することで回数が増えます。

ハイタッチ

私の外来診療でハイタッチをしない日はありません。幼児から大人まで、手を上にあげてパチンと音を出します。

しかし、漫然とするわけではありません。効果的にするためには意識して練習することが必要です（表⑥）。

多くの子どもたちはすぐにハイタッチに慣れます。そうすると部屋に入ってくるなり手を後ろから持ってきて、「やるぞ」というポー

効果的なハイタッチの仕方を教えます

ズをとることもあります。とくに小学校低学年の子どもはそうです。そのときの彼らの顔は、本当ににこにこしています。

ハイタッチは仕込みでもできます。先ほどの「拾って」のときの「ありがとう」を「ハイタッチ」に変えることもできますし、両方を一緒に使ってもかまいません。

教室のなかでも自由に使えます。テストをして、答案が書き終わった子から前に持ってくるように指示をして、持ってきたら「できたね」でハイタッチをします。こうしたちょっとしたことが子どもの達成感につながります。

また、「立ち歩きをする田中君が列に並んでいたらほめられるのに、いつも並んでいる私たちはどうしてほめられないの？」とほかの子どもから疑問が出たときにも、並んでいる子全員とハイタッチをします。

表⑥　ハイタッチの仕方

1	お互いの手は目より上にあげる →低い位置ではなく、目よりも高くあげます。物を見るときにまっすぐ前と少し下を見ることには努力はいりませんが、少し上を見ようとするとそうしようという意思が必要です。
2	できればお互いの目の高さを揃える →目の高さを揃えたほうが、目を合わせやすいですし、相手がうれしそうにしている、よろこんでいることが確認できます。
3	パチンと音を出す →音が出ることによって達成感が強調されます。達成感を味わうのは「子ども」なので、子どもに音を出させてください。うまくできないときには大人が少し音の出し方を教えるとすぐにできるようになります。

そんなに時間はかかりませんし、不満も収まることが多いように感じています。

ご褒美の方法

シール

うまくいったら、その都度ご褒美をあげるのに使います。

たとえば決まった時間に宿題が終わったら、家庭から連絡帳にシールを貼ってもらい、学校でほめます。あるいは、学校で立ち歩かない、給食を食べるなどの目標を達成したら、学校から連絡帳にシールを貼って、家庭で確認をしてもらいほめてもらいます。

連絡帳にいろいろと書くよりも、「今日はすごかった」の一言にシール1枚のほうが子どものやる気につながり、家庭でのサポートにも役立つことがよくあります。

トークンエコノミー

練習中に☆マークをためてご褒美を与えるというトークンエコノミーという方法があります。

トークン（token）は小さなメダルを指すことが多く、ちょっとしたご褒美、目印という意味です。エコノミー（economy）はトークンを節約するという意味です。うまくいったら1回1

回すぐにご褒美をあげるのではなく（ほめ言葉はもちろんよいですが）、まとめてご褒美をあげようというものです。

いってみれば日給ではなく月給にするという感じです。持続的に目標に向かうほうが一般的にはモチベーションを維持しやすくなります。

ご褒美を何にするかは、普通は子どもと相談して決めます。学校では特別なシールや、読みたがっていた本の貸し出し、一緒に将棋などのボードゲームをするなどが該当します。

家庭では、どうしてもゲームソフトや漫画の本などを子どもが要求することが多いのですが、基本は食べ物やお出かけなど、食べてしまえば終わり、行なってしまえば終わりのようなものをおすすめしています。

本などの物の場合にはどうしても前にもらった物と目の前で比較できるので、要求がエスカレートしやすい傾向があります。

砂時計

私の診療室には砂時計がいくつも置いてあります。1分、3分、5分、電子砂時計や複合砂時計（1分、3分、5分が1つになっている）などなどです。

時間の経過を、砂が落ちるという視覚的な情報とともに確認できるということもありますし、一般的に子どもたちは「落ちるもの」を見るのが好きです。座る練習をするときでも、まず1分の砂時計を出して、これを見ながらかっこよく座ってみようと指示を出します。それができたらほめます。

立ち歩いて叱られてばかりいる子どもには、座っていたらほめられるという意識をどうやって植えつけていくかが大切です。そのため補助的な視覚支援に役立ちます。1分ができたらさっとひっくり返してもう一度。砂時計であれば簡単です。

練習・仕込みをするときは
砂時計を使います

失敗させないこと

言わなくてもわかるだろう、考えればわかるだろうではありません。子どもたちが伸びていくためには「失敗させないこと」が大切です。

失敗させないためには補助的な手段も必要になることが多いですし、それでうまくできることが増えてくれば、補助的な手段がなくてもできるようになります。

先ほどもお話ししたように、

指示する⇩できる⇩ほめる

というサイクルを回すことがとても大切なのですが、現実には

指示する⇩できない⇩注意する、叱る

というサイクルが回っていることがあります（図⑦）。

「何度言ったらわかるの!!」とはよく聞く表現ですが、どうやってわかるように工夫して話したのでしょうか？

一方的に命令しているだけでは子どもたちのモチベーションは上がりません。指示をするのであれば「わかるように」指示をする必要があります。

子どもが聞いているかどうかを確認する、それが確認できない横や後ろからの指示はなるべく避けること。理解しやすい表現で指示すること。そして指示してできたらほめること。このサイクルもたくさん回したいと考えています。

もちろんできないことを指示する場合もあります。この場合には手伝ってもできるようにす

図⑦　どっちのサイクル？

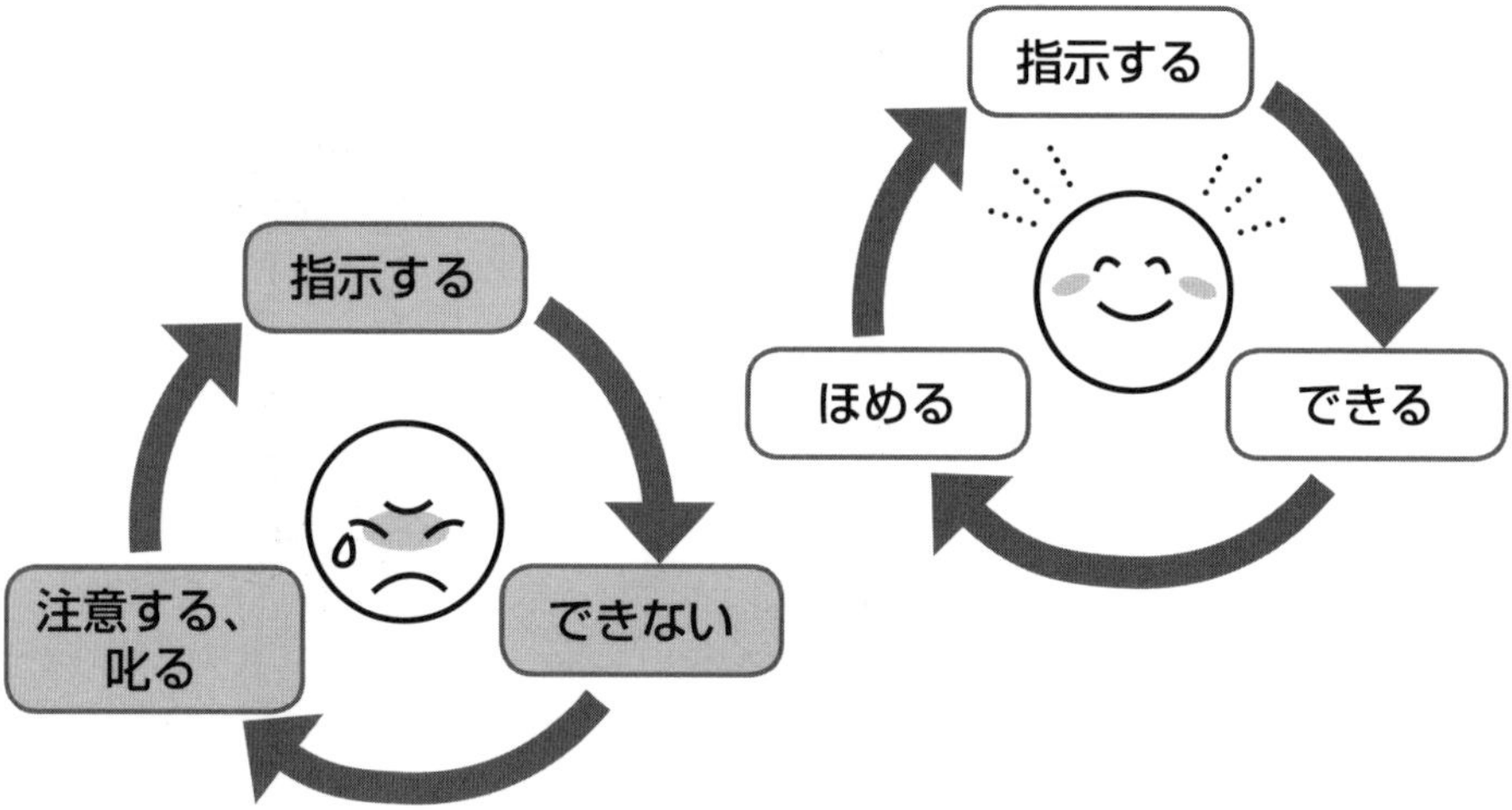

る、すなわち指示を失敗に終わらせないことが重要です。しばしば手伝ってできたのだから「当たり前」とみなされて、せっかくできたのにほめてもらえないことがあります。「手伝ってもできたらほめる」ことが原則です。

後でお話ししますが、失敗させないための支援にはいろいろあります。

がまんしたらほめられる

注意されたり叱られたりすることに慣れている子どもは、普通自分1人ではその場面を「ほめてもらえる」場面に変えることはできません。つまり、周りの大人たちが理解して手助けをする必要があります。

大人は何を手助けするのでしょうか。その行動をしなければほめることだと考える方が多いと思いますが、その段階に一足飛びに行くことはかなりむずかしいと思います。

最初の基本は「がまんしたらほめられる」ということを子どもに学習してもらうことです。周囲の大人に必要なことは、それを子どもに学習させるために、「焦らない」ことです。

そわそわして動きたくなった。でも動いたら叱られる。それは子どもたちにもわかっていないわけではありません。でも動いてしまい、予測された結果がやってくるわけです。

1分間がまんできたらほめる。これが基本です。行動に移して叱られていたことをがまんできたらほめる。まずは1回1回です。慣れてきたら先ほどのトークンエコノミーの方法を使います。

立ち歩きだけではありません。乱雑に字を書いて叱られる。もっと丁寧に書けばよいのにではありません。努力していねいに書くにはささっと書いてしまいたいという欲求をがまんしなければいけません。

退屈したら鼻くそをほじって叱られる。つい手がいってしまうのです。結果を叱るのではなく、がまんしたらほめます。このように叱る／ほめるの方程式を変えることは子どもたちの生活のスタンスも変えます。

もちろん叱られる場面だけを「仕込み」でくり返し練習することもあるでしょう。でも子どもたちは、周りの大人たちの「がまんして当然である」「がまんができなければ叱っていい」という思い込みによって、望ましくない行動を望ましい行動に変える「大きなチャンス」を逃がしているかもしれません。

くり返しますが、「がまん」は努力です。努力してかいた汗は「当たり前」ではありません。できた「がまん」は必ずほめてください。

第3章 ライフスキルトレーニング 行動編

この章では、行動面を中心としたLSTについてまとめます。発達障害を抱えていてもいなくても、学校現場でも家庭でもよくあるシーンをまとめてみました。

ABC分析は、行動の問題を考えるときには欠かせないものです。たとえば、「じっと座っていられない」「立ち歩く」という行動の場合に、立ち歩くという行動（behavior）だけではなく、環境からの先行刺激（antecedent）の状況によって対応が異なります。

じっとしていることが苦手で立ち歩くのであれば、じっと座っているための練習が必要になります。外の騒音に反応して立ち歩くのであれば、静かな席に移すことになります。

Bの問題行動だけにとらわれるのではなく、原因としてのA、変えるべき結果のCの分析や対策は欠かせません。それらをよく考えることが適切な対応に結びつきます。

LST じっと座っているトレーニング

1分間座る練習

じっと座っていることが苦手な子どもは、たくさんいます。40分の授業のあいだに4回も5回も立ち歩くことがあります。そして、「座って」と指示するとたしかに一旦座るのですが、2〜3分ですぐに立ってしまいます。こうなると指示して座ったとしてもすぐに立ち歩いて叱らざるを得ないスパイラルに入ってしまいます。

問題点を整理しましょう。まず座ってというときに、いつまで座っているのかという見通しが本人にできていなければ座ったとしても落ち着きません。そこで授業は40分だから40分座るのが当たり前だとは考えないでください。最初は1分でもいいのです。

つぎに「座って」という命令形の指示を出して座りました。座ったからそれでよいと思っていませんか？　座ったら、つぎに何をするか、本を読むのか先生の話を聞くのか、そこまで指示をすることが「座った」状態を続けさせるコツになります。

私は1分間の砂時計を使います。

まず、「田中君座って」ではなく、「田中君、まず、一緒に1分間座ろう」でもかまいませんし、

「私がかっこよく1分間座ってみせるから、田中君も真似してくれるかな」でもかまいません。男の子には「かっこよく」女の子には「かわいらしく」が決まり文句です。

こうしたことはいきなり集団の場ではできませんから、個別に「仕込み」で練習する必要があります。

3分間座る練習

それができたらつぎは3分です。1分ができたからすぐに3分にするのではなく、1分の練習を何度もくり返して1週間くらいで慣らしてください。座るという指示が実行できたらほめることは忘れないでください。この練習をしているだけでも、集団の場で立ち歩くことは減ってくることが多いようです。

3分になるとただ座っているのではなく、「本

1分間座るための仕込み

①最初は子どもが1分間座る練習をします。
「田中君かっこよく砂時計を見ながら1分間座ろうね」。
砂時計など落ちるものを見るのは、子どもは大好きです。
②1分間できたら「やったね」と言って、ハイタッチをします。

を読みながら」であるとか「話を聞きながら」という作業を一緒に入れるようにしていきます。私は99分までセットできる電子砂時計も使いますが、基本は1分、3分、5分の砂時計です。

5分座っていられるようになり、それをひっくり返してさらに5分、合計10分座っていられるようになれば、しかもそのたびにほめられていれば、立ち歩くことは減ってきます。たとえ立ち歩いても叱りません。砂時計をそっと渡すだけで、何も言わなくても自然に座ることも増えてきます。

この状況になれば1人だけの仕込みではなく、集団のなかでやらせてみることもできます。

1時限座っていられるようになるまでに、だいたい1~2カ月ぐらいかかります。もっと早くできることもありますが、急がないでください。それができるようになったら1週間の表の出番です（28ページ）。ベターの積み重ねからベストをつくっていきましょう。

じっと座っていられない場合に、しばしば座席を最前列中央にといわれていますが、ある程度慣れて指示が通るようになったら、2~3列目のほうがよい場合もあります。前の子の行動を見習って動くためです。

姿勢の保持がむずかしい子ども

じっと座っていられない子どものなかには「座ることはできる」けれども「座り続けることができない」子どももいます。その多くは「発達協調性運動障害」（160ページ）を抱え姿勢の保持がむずかしいためで、それを強制してもできません。

決まった場所から動かないでいられるということ、または姿勢は乱れても椅子から離れないということでもかまいません。こうした場合に座り続けるのに必要なことは「座る練習」ではなく、「体幹を鍛える」ことです。


どんなLST?

立ち歩いて叱られていた状況が、座る練習でほめられるようになることを学習します。最初は個別に仕込みで、それができたら集団のなかで行ないます。できるようになって「当たり前」と思っているとまた立ち歩きが始まることがあるので、座っていられたらさりげなくほめます。

LST 努力を嫌がらないトレーニング

できて当たり前ではない

宿題にしても指示されたことにしても、子どもは好きでないことをするための努力を嫌がるということがよくあります。宿題はすることがルールかもしれませんが、習慣になってしまえばともかく、それまでは心理的にも負担です。大人と違い子どもの場合はやるべきことだからさせるという方式では、意外にうまくいきません。

努力を嫌がらないようにするためには、努力をしたら「ほめる」「ご褒美を与える」ことです。たくさんほめるためには、一括りにしないで細かく分けてほめることです。

また一方的に指示を出さないでやり方を話し合って決めることです。できるできないは別にして、自分で決めたことを実行するほうが、他人に決められたことを実行するよりもモチベーションが上がります。

スケジュールを決めて実行することも重要です。家に帰ったらゲームをして、それから宿題をするのではなく、その逆で、先憂後楽（嫌なことから片付ける）が基本です。

気軽に努力をする子どもに育てるために必要

家に帰ってまず宿題をしたら「すごいね」とほめます

なことは、もちろんたくさんほめることですが、それを意識しすぎると不自然になって逆効果です。それよりは「ありがとう」を使います。学校でも家庭でも小さなお手伝いを頼んで「ありがとう」が溢れる環境をつくる努力をします。

ありがとうに代わってハイタッチでも、その両方でもかまいません。ちょっとしたお手伝いを頼むためには物を少し遠くに置いて「取って」と頼むことや、先ほどのようにわざとボールペンを落として「拾って」などでもいいのです。子どもたちにありがとうをたくさん言うためには大人もそれを意識して生活する必要があります。そして何よりもありがとうをたくさん言われている子どもは、ありがとうを自然に口にするようになります。

整列する、紙をきちんと揃える、黒板に書いたことをノートに書く、学校では当たり前のよ

お手伝いをしてもらったら「ありがとう」を忘れずに伝えます

うに要求される努力がとても多いのです。いつも「できて当たり前」と考えるのではなく「できなかったらどうやってできるようにするか」を考えておく必要があります。

LST 片付けるトレーニング

片付ける方法には2つあります。どこに何を置くかを目で見てわかるようにするという方法と、まず散らかっている状態をきれいにしてから片付ける2段階方式の2つです。

決まった場所に置く

片付けができないという訴えも子どもから大人までよくあります。きちんと最初から片付けたり、散らかさないでいることは、当事者にとっては結構大変なのです。

物を決まった場所に置くためにはそこにテープやシールなどを貼ってわかりやすくすることが、混乱を防ぐコツです。これは学校でも家庭でも応用できますが、面倒がってせっかく準備しても、乱雑に散らかしてしまうこともあります。

その場合にはつぎのバスケット法がおすすめですが、まずは場所を目で見てわかるように決めることから始めてみましょう。

学校の机のなかが何もかもぐちゃぐちゃになっていて、何がどこにあるかもわからなくなっている……よくあるパターンです。机のなかは直接目で見ることはないので、何でも突っ込んでしまいがちです。

机の引き出しや収納スペースの大きさに合うようにダンボールを切り、そこに入れる場所を鉛筆などで書いて決めます。たとえば筆箱や裁縫箱を置く部分の大きさにあわせてダンボールを切り取ります。裁縫箱や筆箱はその空いたスペースにはめ込むことになります。子どもははめ込むことが好きな場合が多いので、机のなかが片付けやすくなりますし、どこに何があるかもわかりやすくなります。

物が多い場合にはダンボールが2段重ねになったり、場所によっては組み合わせて立体的にしたりすることもできますが、置く場所を決めることで混乱を減らすことができます。

バスケット法

家でも学校でも使える方法としておすすめしているのがバスケット法です。

スーパーの買い物かごをイメージしてください。そのようなバスケットを1つ用意して、片付けるときにはあたりの物を、すべてそのなかに入れてしまいます。いるものといらないものを分けるとか、順序よくとかそういうことを考えずに、まずは全部入れてしまいます。

入れ終わったら、まず片付け終わったシールをもらったり、マグネットを貼ったりして片付けたことの確認をしてもらいます。これまで散らかっていて叱られたり注意されたりしていたのが、バスケットに格納したことで評価され、ほめてもらえます。

つぎの段階はバスケットのなかの物をあるべきところに片付けるということです。学校だと隣の子の鉛筆が入っているかもしれませんし、家庭だと兄の散らかしていた漫画も入っているかもしれません。今度はバスケットのなかの物だけに集中して片付けるわけです。第1段階ができたから第2段階もすぐにできるようになるかというと、そう簡単ではありません。最初は手伝ってかまいません。少しずつ自分でできる割合を増やしていけばよいのです。

この方法はかえって面倒だと感じる方もおられるとは思いますが、このほうが片付けながら本来あるべき場所を探すという並行処理ではなく、入れるときには全部入れる、入れたものだけ片付けるという一筆書き処理になるので、とくに発達障害を抱えている場合にはうまくいくことが多いと感じています。

「バスケットに全部入れたらうれしいな」と声をかけたり、「これだけきれいになったね。じゃあ、あそこも全部片付くといいいな」というように、命令形をなるべく使わず少しずつ進めることがコツです。

片付けができたら、
そのことをほめましょう

「入れなさい」「片付けなさい」ではなく、「入れてきれいになったね。すごいね。田島君すごいじゃない。ちゃんとできるね」と、少しでもほめることが大切です。

家庭ではこうしたお片付けタイムを2回くらいとります。夕食の前と寝る前がおすすめです。学校では給食の前と、帰りの会の前です。学校ではバスケットが無理であれば箱でも結構ですが、バスケットのほうが外から見てなかがある程度わかるので使いやすいと思っています。

どんなLST?

片付けができなければ社会生活では評価が低下し、セルフ・エスティームも低下します。自分なりに「こうすればできる」と苦手への対処法をつくっておくことが、他人からだけではなく自己の評価も上昇させることになります。

散らかっているものはバスケットのなかにすべて入れます

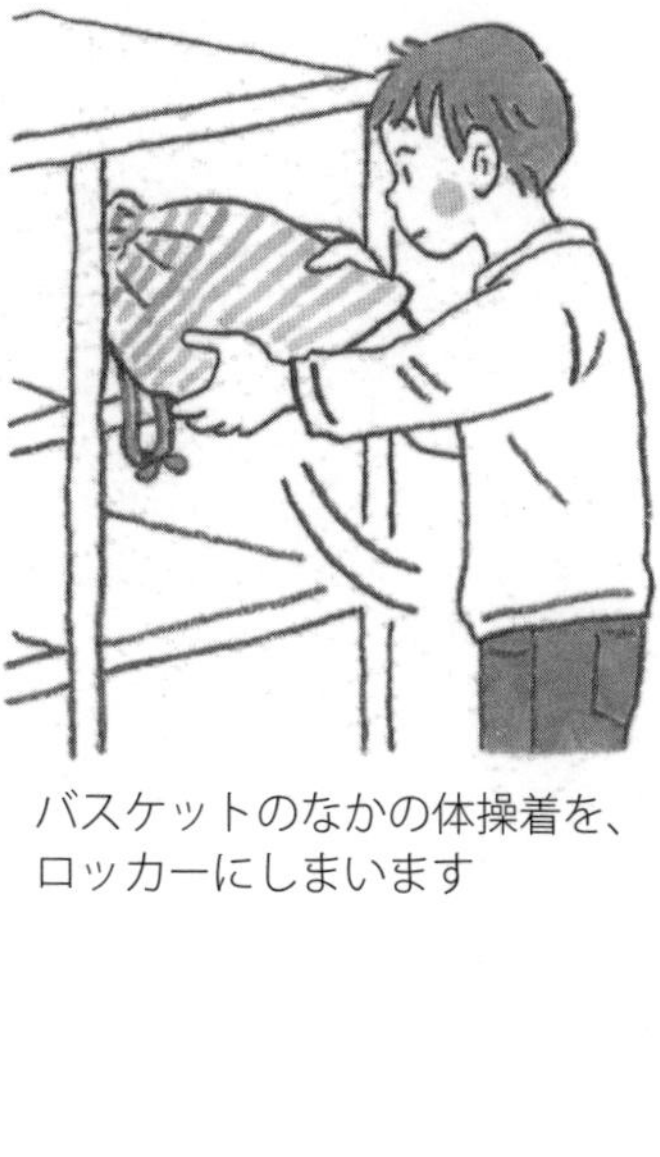

バスケットのなかの体操着を、ロッカーにしまいます

LST 忘れ物をしないトレーニング

忘れてはいけない物のリストと連絡帳

忘れ物とは、持っていなければいけない物を忘れるということだと思いますが、その前提には「持っていなければいけない」ことを意識するというステップが必要です。何を持っていなければいけないかがあきらかでなければ、忘れ物の根絶は不可能です。

忘れてはいけない物のリスト化は、子どもから大人まで共通して使える方法です。学校や会社に「持っていく物のリスト」は家庭などでつくることができますが、それでは「持って帰る物のリスト」はどうでしょうか。実際にはここでの失敗が多いのです。持って帰る物はあらかじめ家庭で連絡帳に記載するようにして、学校で帰る前にチェックしてもらいます。

ところが、その連絡帳を持っていくのを忘れる、持って帰るのを忘れるということは想像以上に多いと思います。

まず連絡帳にカラビナを1つつけます。それからランドセルやバッグにカラビナを1つつけます。そして、家を出るとき、学校から帰る前、このカラビナとカラビナをカチャッとはめる練習をしておきます。これもその場でいきなりやるのではなくて、仕込みが必要です。子どもは、一般的にこういうカチャッとはめるのが好きなので、これで連絡帳忘れは減ります。

　つぎは帰ってきたテストや手紙類です。持って帰るのを忘れる、ランドセルの底に塊になっている、よくありますね。連絡帳に目玉クリップやダブルクリップを何個かつけておきます。それを使って止めるようにすればこの問題もかなり解決できます。いろいろな物を連絡帳という1つの集合体にまとめることが必要です。

　家から学校に持っていくときの準備は、朝出かける前ではなく基本は前日にします。忘れそうな物はランドセルに洗濯バサミとひもなどを使って結びつけておきます。ランドセルやバッグに入れる物は保護者も点検してチェックします。

　持っていく物などではなく、学校に行ったらすることについては、忘れてはいけないことを

カラビナがついた連絡帳

忘れ物をしないように、
カラビナがついた連絡帳と
ランドセルをカチャッと
はめます

カードに書いてケースに入れ、そのカードケースを首からぶら下げたり、あるいは、すぐ見えるようにバッグからぶら下げたりするという方法もあります。

最初はこうしたチェックにもトークンエコノミーが必要かもしれません。大切なことはちゃんとできるようになることです。そして、うまくいったらほめることが基本になります。忘れたことを叱っていても状態は改善しません。

いらない物は持たない、視覚でチェックする

忘れ物が多い人は、物をなくしやすいということもよくいわれます。大人の方を見ていると、物をなくす方の共通点は、まず不必要な物を持っている方たちが多いという特徴があります。本当に必要な物は「忘れる」ことはあっても「なくす」ことはあまりないと思います。

したがって、物をなくす人は、必要な物を持つ、必要ではない物は持たないという練習が必要です。

たとえば、筆箱に鉛筆を5本入れたのに、帰ってきたら3本だったという場合は、本当に5本必要なのかを考えましょう。たとえ筆箱に5本入れるスペースがあったとしても、実際は2本あればいいのかもしれません。最低限にするということが必要です。

そのほかに、片付けのときにダンボールで場所を決めて整理をするのと同じように、置き場所にラインを引いたり、ビニールテープで場所を決めたりして視覚的にチェックができるような形

にすることも効果があります。決めた置き場所を忘れるという場合には、メモを組み合わせるなどの方法も考えます。

時間を忘れないトレーニング

時間を忘れるということもよくあります。

何か好きなことに熱中していて時間を忘れることもありますが、一般的にはうっかりして時間を忘れることが多いと思います。この場合には予告が有効です。タイマーを5分前にセットしたり、時間が近づいたら「あと何分」と伝えてもいいでしょう。

スケジュールを時間に沿ってこなすために、学校ではチャイムを使います。家庭でも学校のチャイムを録音して、チャイムが鳴ったらつぎの行動に移ることもおすすめしています。とくに入学前に行動の切り替えを練習するためには役に立ちます。

どんなLST?

忘れ物が多い人は社会では信用されません。約束の時間が守れない人も同じです。少なくとも自分が苦手であることを認識して、それに対応しようとしている姿を見せることで、社会生活は楽になります。

LST

待つトレーニング

「ちょっと」の時間を具体化する

「みんなが揃ってから食事をするからちょっと待ってね」「今は中村さんと話しているからちょっと待ってね」など、待つことを指示される場面はよくありますが、待てなければ叱られます。

ちょっと待ってねというときの「ちょっと」とは何でしょうか。待てない子どもの苦手はこの「ちょっと」です。この練習は抽象的な「ちょっと」を具体的な「1分」に変えることから始めます。

私は1分間の砂時計をよく使います。私が佐久間さんと話しているところに私と話したくなった斉藤さんが割り込んでくるということがあります。この場合、「斉藤さん、今、佐久間さんと話しているのだから、終わるまで待ってちょうだい」ということが多いと思います。私は、1分の砂時計を渡して「じゃあ斉藤さん、この砂が全部落ちるまで待っていてくれるかな。そうしたら、佐久間さんの話が終わるから、斉藤さんと話そう」と言います。

立ち歩きのときと同じパターンですが、待つ時間が「ちょっと」ではなく具体的に変わることで、斉藤さんはじっと砂が落ちるのを見ながら待っています。全部落ちましたと言ってきたときに、「すごいね。1分間がまんできたね」と話すわけです。

今までは、割り込んで叱られていたのですが、1分間待つことができてほめられたうえにちゃんと相手もしてもらえます。こうすると「叱られる」を「がまんしてほめられる」に変えることができます。

会話の割り込みなどの場合には、1分間待っていれば多くの場合には大丈夫ですが、授業中や順番を待つ場合には3分や5分が必要になるかもしれません。それでも基本的にやり方は同じです。話したくなった斉藤さんは私がほかの子と話していれば、砂時計を自分で持ってくるようになるかもしれません。

順番を待つ練習

いつも一番になりたいので、待てずにすぐに列に割り込んでしまうということもよくあります。この場合には、「じゃあ山下君は、いつも

会話に割り込まないように、砂時計を見て1分間待つ練習をします

本田君の前に立っていてください」という約束をしてみます。

本田君が2番目にいたら、山下君は1番ですから満足しますが、つぎの日、本田君が4番目に行くと、山下君は3番目になります。そこで3番目になった山下君は当然一番前にダッシュしようとするのですが、そのタイミングで「山下君、本田君の前に立っていられてすごいね」とほめると、そこで足が止まります。何度か練習が必要ですが、少しずつ待つことができるようになります。

またこの場合、実際に必要になる機会を待っているのではなく、練習する機会をつくって仕込みをすることが必要です。たとえばとび箱の順番を待つことなど何人かでやってみるとか、先生方4人でいろいろな順番をほめながら経験させて練習を組み立てることもできます。

仕込みをして、くり返し練習をして、先生たちも冷静に対応し、叱らないですむ手立てを考えると同時に、子どもたちも叱られないできちんと待つ、並ぶということを学習します。

待っていることはできるようになったけれども、そこで退屈するとおちんちんを触りたくなるとか、鼻くそをほじりたくなるとかという場面もしばしば見かけます。こういうときには耳をこする、髪に手をやるなどの代替行動が有効です。

不自然ではない行動に切り替えができたらほめます。

待つ練習だけではなく「急ぐ」練習が必要になることもあります。命令形で「急いで」と言われることが多いのですが、それでは子どもがパニックになって動けなくなることもあります。歌を歌うように軽くリズムをとって「急げ」「急げ」と声かけをするとうまくいくことも多いようです。

どんなLST?

必要に応じて待つこと、順番を守ることなどは社会生活で要求されるもっとも基本的な技術です。できなかったときに叱るのではなく、仕込みで練習しできたらほめるを心がけることが、子どものときだけではなく大人になってからのトラブルを減らします。

LST ルールと順序を守るトレーニング

社会生活を送るときには法律をはじめとしてさまざまなルールがあり、それを守る必要があります。

子どものときにはまずゲームやスポーツを通してルールや順番を守ることを学習していきます。これもはじめからうまくいくとは限りません。スモールステップで練習を重ねて「できる」を増やします。

「まあいいか」と言う練習

何でも一番になりたい。負けることが納得できない。自分に都合のいいようにルールを変えたい。学年が低いほどよく起きることですが、これも練習してできることを増やす必要があります。

まずは負けても「まあいいか」と言う練習です。小学生になれば多くの子どもたちはじゃんけんができます。じゃんけんをして負けたら「まあいいか」と声に出して言う練習をくり返します。

だいたい10回くらいじゃんけんを続けて、負けたときには「まあいいか」とはっきりと言います。最初は「まあいいか」は小さな声でもいいですが、徐々にはっきりと言えるようにしていきます。2週間くらい練習するとできるよう

「パー」で負けて
「まあいいか」と言います

「チョキ」でまた負けても
「まあいいか」と言います

になることが多いので、つぎにすごろくやＵＮＯなどにも応用していきます。

ルールを守る

ＵＮＯやすごろくは順序を守るトレーニングも兼ねておきます。学校ではあみだくじを使って練習することもあります。

また、ドッジボールはやや人数が多いので、最初は少人数での氷鬼とかバナナ鬼、缶けりなどがおすすめです。体を動かしながらのほうが、ルールに従って動くことを覚えるのは早いと思います。

小学校低学年ではボス的な存在の子がいるとルールが変わることがあります。サッカーを見ていたときに、シュートをしたいので突然ボールが２つになった場面を見たことがあります。

こうした問題の多くは学年があがっていけば「ローカルルール」が「一般的ルール」に変容します。それでうまく対応できない子がいる場合には、先生が介入してルールどおりにして「こうすればうまくいく」経験をさせてみてください。

どんなLST?

勝ち負けにこだわると仲間に入れてもらえなくなることがありますし、ルールを無視することがわかれば、仕事だけではなく余暇や趣味に誘われなくなります。

LST 「どうして?」と「やめて」のトレーニング

「どうして?」の練習

トントンと肩をたたかれたらぶたれたと思って殴り返す。トラブルのもとです。

たとえば、木村君が気づかないうちに机の上から消しゴムが落ちました。そこで相田さんが、気づかせようと思って木村君の肩をトントンとたたきました。そうしたら木村君は肩を殴られたと思い、いきなり相田さんにグーパンチをしてしまいました。

こういうときに周りが、たとえば「相田さんがせっかく注意してくれたのに、殴ったら木村君ダメでしょ」と言い、木村君が一方的に注意されてしまうことが多いのですが、木村君は自分が消しゴムを落としたことに気づいていないわけです。ですからグーパンチだけを注意しても効果はありません。いつまでたってもそのくり返しです。

私がおすすめしているのは、いきなり行動を起こすのではなくて「どうして?」と聞く練習です。

先生と子どもが一組になり、子どもが後ろから先生の肩をトントンとたたきます。先生は振り返って子どもに「どうして?」と聞きます。つぎは役割を逆にします。この練習を何回かしていくと、肩をトントンとたたかれるたびに、「どうして?」と言えるようになります。たたかれたと思ったときに「どうして?」と言うことができれば、「消しゴムが落ちたよ」「ハンカチが落ちたよ」と教えてもらえます。そうすればグーパンチにはなりません。「ありがとう」になっているかもしれませんね。

これができるようになったら、肩をトントンとされただけで、「他人が自分に何かを伝えようとしている」ことに気づく練習にもつながっているということです。

また、肩をトントンされたら、1秒ではなく3秒待ってから反応することも仕込みで練習できます。「カッとなった頭を少し冷やす」ためには3秒はとても大切です。

「やめて」の練習

同じように「やめて」の練習があります。これも適切に言えないと困る言葉です。これを言

後ろから肩をたたかれたら、
いきなり行動を起こさずに
「どうして?」と聞きます

わずに衝動的に相手を殴ったりすればトラブルになるからです。
練習の方法は、子どもと交互に手首をつかんで「やめて」と言うことを練習します。手首でなくてもかまいませんが、簡単なのは手首です。「どうして?」と「やめて」が適切に言えるようになれば、突然のトラブルは減少します。

どんなLST?

他人に嫌われずに生活していくためには欠かせない技術です。これができなければ仲間には入れてもらえませんし、1人ぼっちで生活することになりかねません。

手首をつかまれたら「やめて」と言う練習を交互にします

LST カウントダウンのトレーニング

テンションのコントロール

たとえば、休み時間に校庭に出て遊んでいたら、テンションがすごく上がってしまった。チャイムが鳴って教室に戻ってくると、みんなはテンションが下がるのですが、そこでハイテンションのままで大きな声で話をしているというような状況を見かけることがあります。

そういうときには、カウントダウンが有効です。カウントダウンも、いきなり使うのではなく、あらかじめ何度か練習をする必要があります。

まず校庭にいるときに、3、2、1、0と数え、0になったら静かにしようと約束しておきます。3カウントが基本です。そして、外にいるときは3、2とカウントダウンして、なかに入るときに1、入ったら0と声に出して、落ち着く練習をします。こうすると心の準備が徐々にできていきますので、テンションコントロールが少しずつできるようになってきます。

着替えや外出、整列などの際に指示されてもすぐにスタートが切れない子どもたちもいます。突然「さあ出かけます」と言われると、心の準備ができていないために混乱することもあります。

この場合にも、「3、2、1、0で、0になったら出かけようね」という予告によって、混乱を防ぎ、スムーズにスタートできることが多いのです。学校でも家庭でも使える方法です。

対象となる子どもだけに言うのではなく、クラス全員でカウントダウンを声に出すことで、全体的な行動をコントロールすることにも役立ちます。

合成した音声でカウントダウンをしてくれる機械やソフトウェアもありますが、実際に子どもたちの行動の状況を見ながらテンポを調節して行ないます。ちゃんとできるようになったらハイタッチなどでほめましょう。

最初は大人たちからの声がけでカウントダウンをしますが、徐々に自分の心のなかで3、2、1、0とカウントダウンをして、行動のコントロールができるようになることが目標です。

着替え始めるとき、大人が声がけでカウントダウンをします
→カウントダウンにあわせて着替え始められたら、「えらいね」とほめます

ボリュームのコントロール

カウントダウンとは少し違うのですが同じように1、2、3と数字を使う技術もあります。なかなか声のトーンを調節できなくて、一方的に大きな声でしゃべってしまったり、あるいは、小さな声で聴きとれないようなしゃべり方をしてしまったりすることがあります。「もっと小さな声で」「もっと大きな声で」と注意することが多いのですが、これが意外にうまくいきません。もっと大きく、もっと小さくという表現には具体性がないので、理解しにくいのではないかと思います。

まず、大きな声で「おはようございます」と言わせて、これを3の声と決めます。つぎに普通の声で「おはようございます」と言わせて、2の声と決めます。最後に小さなささやき声で、「おはようございます」と言わせて、1の声と決めます。そして3の声で、2の声で、1の声でとボリュームを調節する練習をします。

ほめながら練習すると比較的短時間に習得することができるようです。

数字でのコントロールが理解しにくい場合には、大きな声を「ぞうさんの声」、小さな声を「アリさんの声」と定義して練習することもあります。

テンションや、ボリュームのコントロールは、とにかく声に出して練習することです。これは学校でも家庭でも同じことです。くり返して練習しているうちに、声に出して指示しなくても、うまくできる場合も出てきます。

どんなLST?

行動のスタートが切れなかったり、テンションコントロールができなかったりすると、周囲は違和感を覚えます。子どものときにはそれほど問題にはならなくても、高校生以上になってくると「ちょっと変な子」「鈍くさいやつ」というレッテルを貼られるようになり、仲間に入れてもらいにくい場合も出てきます。早めに練習しておくことです。

LST クールダウンするトレーニング

他者が行なうクールダウン(タイムアウト法)

自分の感情が高ぶってしまったときは、クールダウンすることが社会生活では必要になります。クールダウンはカウントダウンのように他者によって行なわれるものと、自分で行なうものに分かれます。

他者によって行なわれるクールダウンにタイムアウトという方法があります。タイムアウトとはコントロールできなくなったその場から離して気持ちを落ち着かせることです。

7～8歳頃までのタイムアウトは、子どもを直接後ろから捕まえることが基本です。子どもは興奮していることが多いので、前から捕まえられると蹴られますし、子どもと視線が合ってしまうとさらに興奮することもあります。後ろから捕まえて、5～10分を目安にして落ち着くのを待ちます。私は静かになるよう「落ち着いてくれたらいいな」と語りかけもしています。

思春期に入ると、その子だけを残してみんな部屋から出ていきます。その部屋には壊れる物など余計な物を置いておかない注意も必要です。15～30分を目安に落ち着くのを待ちますが、ある程度の時間がかかることがあります。

基本的には、問題行動は切り替えの指示を出すことや、少しずつほめながら行動変容をめざ

興奮してあばれる子どもを後ろから捕まえます

落ち着いたら「えらいね」とほめます

します。しかし、暴力的な行動などに対しては、タイムアウトや無視が必要な場合もあります。

自分で行なうクールダウン

タイムアウトは大人になっても続けることではないので、子どもたち自身が自分でクールダウンする方法を見つけていくことが大切です。

自分でお気に入りの場所を探して、そこに行けばクールダウンできるようになれば大きな進歩です。お気に入りの場所はロッカーの隅っこであったり、カーテンの影であったり、なぜそこに行けば落ち着くのかよくわからないところがよくあります。しかし、自分で場所を見つけていれば、「先生、少しあ

興奮しているときは、両手を思い切り握り締めて、頭のなかで10秒数えます

そこに行ってくる」と言って、クールダウンして戻ってくるようなことが小学校高学年でも結構できるようになります。

また、自分でその場で両手を思い切り握り締めて頭のなかで10数え、クールダウンする方法もあります。この方法は中学生以上で使います。

両手に思い切り力を入れている状況は周りから見るとちょっと不思議な状況ですが、それまでは壁を蹴って穴を開けたり、物を投げたりしていたとしたら大きな進歩です。いずれは周りから不自然に見えない程度に力を入れたり、首から下げたペンダントを握り締めたりするなどの方法をすすめていきます。

また、クールダウンしたからと放っておくとまた熱くなることもあるため、つぎの指示を出して何かを始めさせるようにしましょう。

タイムアウトでも自分でクールダウンできたときも、ほめたりハイタッチが必要ですが、その状況はくり返して起きてほしいものではないので、トークンエコノミーの対象にはなりません。

どんなLST?

クールダウンができなくて興奮状態が続いていれば、危ない人間だとみなされる可能性が高いですし、そうした状況を周りがたびたび目にすれば仲間にも入れてもらえません。タイムアウトにしても自分でのクールダウンにしても、習得にはかなり時間がかかります。社会に出るまでに習得したいスキルです。

LST 物理的な距離感をとるトレーニング

前へならえの練習

だれかと対面で話していて、顔と顔の距離が30㎝だったらどう感じますか？　親子や恋人同士であればともかく、近すぎると感じることが多いのではないかと思います。その距離で会話を続けようとしても、それはなかなかむずかしいのではないでしょうか。

逆に1対1で会話をしているときに2人の距離が3ｍ離れていたとしましょう。遠くて話しづらいと感じるのではないでしょうか。話しづらいと感じれば会話を続ける努力もしなくなるでしょうし、自分には関係のない人と判断されてしまうかもしれません。

発達障害を抱えている子どもたちから大人たちまで、こうした物理的な距離感を適切にとることが苦手なことがよくあります。異常と思えるほど近寄ってきていたり、逆に話しづらいほど遠かったりすることがあるわけです。この距離感を意識して適切な距離を保つ練習をすることは、発達障害の有無にかかわらず、対人関係をうまく保つために必要なスキルだと考えています。

1対1で会話をするときに、もし初対面であれば1ｍの距離だと会話がしやすいと思います。

さらに何度か会って親しくなっている人の場合には、60㎝から1ｍくらいの距離が心理的にも抵抗なく話しやすい距離ではないでしょうか。

まずは「前へならえ」を子どもとペアを組んで何度もくり返し練習します。前へならえではイ相手の背中に手がつくわけですが、さわるギリギリの距離を覚えてもらいます。

つぎに向かい合って前へならえをします。小学校低学年の場合には50㎝くらいになり近すぎることもあります。その場合には両手の肘を体につけて腕を伸ばして開いた手を合わせます。これで60㎝くらいの距離になります。

これ以上は近づかないで話をするために手を伸ばした状態で、あるいは手のひらを合わせた状態で会話の練習をします。練習をくり返すことで、相手に嫌な感じを抱かせる距離感をとらないようになります。

子どもの時期にはともかく、成人になって社会に出るとこの物理的な距離がうまくとれなく

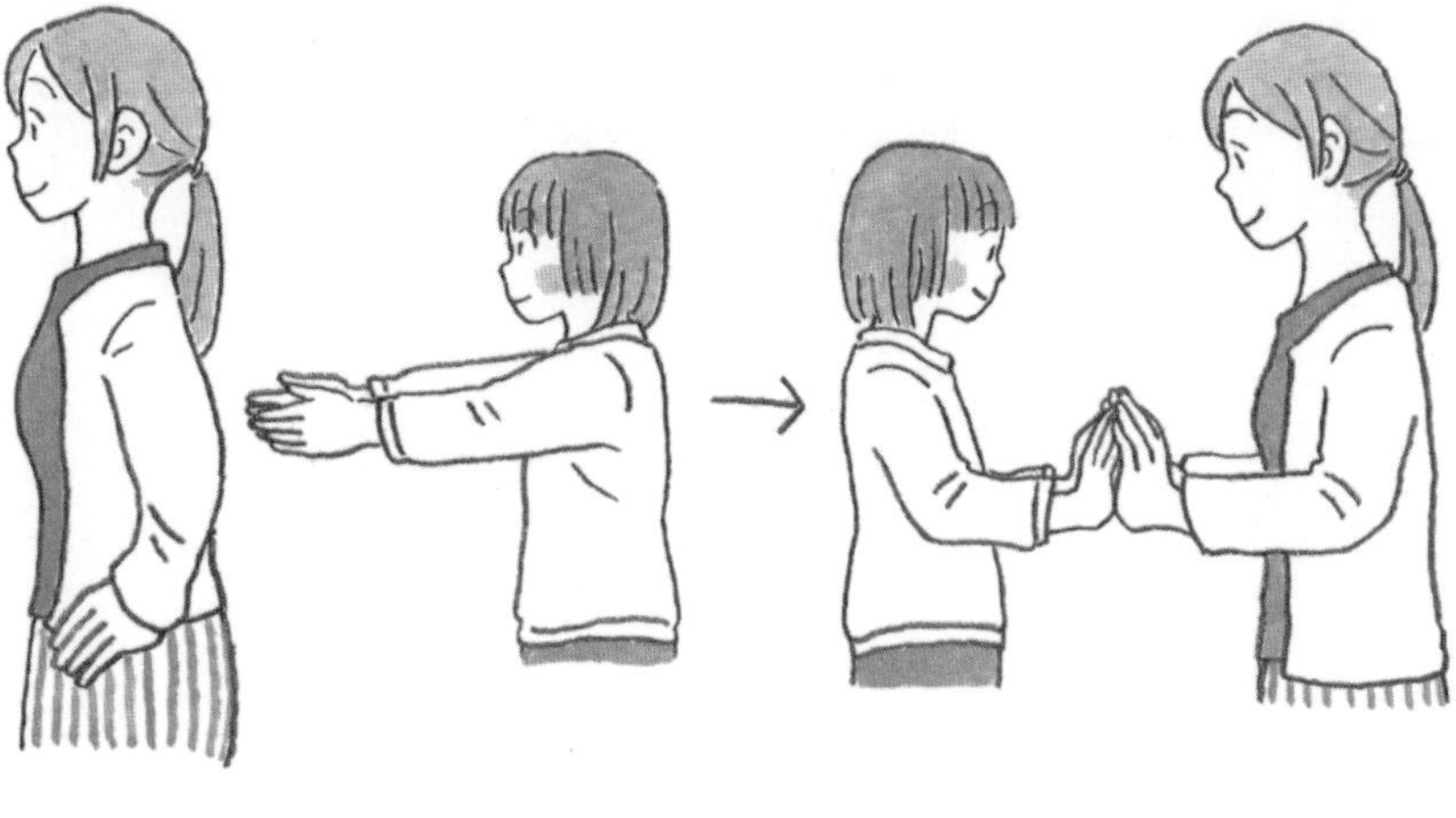

「前へならえ」で相手にさわるギリギリの距離を覚えます

向かい合って手のひらを合わせた状態で会話の練習をします

て失敗しているケースをよく見かけます。もちろんこれを応用して電車のなかで異性に物理的に近づきすぎない練習をする場合もあります。

どんなLST?

人に嫌われないようにしようということに尽きます。近すぎる距離感は人によっては拒絶反応を示します。遠すぎる距離感は、自分には関係ない人と判断されがちです。子どものときからの練習が大切です。

LST こだわりと感覚過敏に対処するトレーニング

こだわりの対処法

こだわりは自閉症スペクトラムの中核症状でもあり、感覚過敏はこだわりの一部だと考えられています。こだわりにも感覚過敏にもさまざまな種類がありますが、これらを抱えているために社会生活での困難につながることが子どもから大人までよくあります。

もちろん自閉症スペクトラム障害（ＡＳＤ）を抱えていなくても、大なり小なりこだわりはだれでも持っています。そのこだわりが社会生活を送るうえで困難さをもたらすときに対応が必要になるということです（表⑦）。

こだわりには手順的なこだわり（道順や食べる順序など）と作業的なこだわり（隅まできちんと塗る、全部覚えないと気がすまないなど）がありますが、手順的なこだわりの方が社会生活では困難につながりやすいといえます。

たとえば食事をするとき、顔を洗うときの手順が決まっていて、そのとおりにできないときに混乱します。その方法がベストであるという思い込みがあるので、それができなければ次善のベターへと切り替えることが苦手です。先ほどの「まあいいか」の練習がこんなときにも役立ちます。

決まった道順で学校に行っていたが、ある日、工事中でその道が通れなくなっていたので学校

表⑦　こだわり行動への対処法

1	こだわり行動を否定しないこと（否定すると関係性は壊れます）
2	次善の方法を練習すること
3	こだわり行動が社会的に問題になる行動の場合（性的こだわりなど）には代替行動を誘導し、できたらほめる、トークンエコノミーを使う
4	こだわることは「能力」でもあるので、可能であれば将来「稼げる」ものに向けよう
5	こだわり行動に対する予期不安（こうなったらどうしよう）が強くなっているときにはリラックスの方法を考えたり、場合によっては頓用の薬剤を使ったりする

に行かずに帰ってきた。決まった時刻の電車で通学していたが、ある日、事故で大幅に電車が遅れた。遅れている乗車予定の電車よりも前の電車が先に来たが、本来の電車をずっと待っていた、ということがあります。

こうなってしまってから「○○すればよかったのに」という助言や注意は「無効」です。最初から道順や電車についてはいくつもの方法を考えて練習してみる必要があります。

手順にこだわっていると目的の達成よりも手順を守ることが大切になっているように見えることがあります。こだわりになりそうなときには、あるいはそうかなと思ったときには、「これもできるといいね」というおすすめをして、それを実際に練習することでうまくいくようになることが多いと思います。

こだわりには種類も多く、その度合いもさまざまです。それによって対応や練習が変わります。言語による指示が理解できない年齢や知的能力の場合には、こだわり行動を変えることは経験上かなり大変です。これはつぎの感覚過敏も同じです。

感覚過敏の対処法

感覚過敏もこだわりの一種です。特定の音や大きな音などに対する聴覚過敏、特定の形や回るものなどに対する視覚過敏、肌触りなどに対する触覚過敏、味や舌触りなどに対する味覚過敏、においなどに対する嗅覚過敏などがあります。聴覚過敏と関連づけられることもありますが、絶対音感を持っている場合もあります。

こうした感覚過敏もそれが社会生活上の困難につながれば対応が必要ですが、逆に感覚過敏が生かせる仕事もあります。

私が拝見した方のなかには、聴覚過敏を抱えているプロのミュージシャン（絶対音感も持っています）、視覚過敏を抱えている画家（独特の遠近感があります）、造形家（通常では考えられない精度の模型をつくります）、写真家（ふつうは注目されないものを作品に仕上げます）、触覚過敏を抱えている製麺師（いつでも同じ状態の麺を打ち上げるそうです）、味覚過敏を抱えている調理師（スープの味の再現がすごいそうです）などがおられます。

しかし、みながみな稼ぐことにつながってくればいいのですが、そうなるとは限りません。たとえば聴覚過敏では、掃除機の音、トイレのエアータオルの音などで耳ふさぎが起きたりパニックになったりすることもありますし、自動車のクラクションの音で固まってしまう場合もあります。

掃除機の音やエアータオルの音は家庭用のドライヤーで練習します。クールの状態にして子どもに向け、音や手に当たる感じを徐々に慣らしていきます。自動車のクラクションの場合にはノイズキャンセリングヘッドホンなどで音量を減らします。

視覚過敏で、たとえば換気扇や床屋のマークなどの回るものに敏感な場合には、手持ち型の扇風機などで回るものを見ることに慣らしたり、それを持たせて気になったら見たりするなどして慣らしていく方法を使う場合もあります。

粘土の感触や泥絵具の感触が苦手な触覚過敏では手につかないスライムなどを使って練習することもあります。

味覚過敏では食感の問題が偏食につながっていることがありますので、「おいしそうに食べてみせながら」「少量ずつ食べる」練習をします。

自閉症スペクトラムを抱えているかどうかではなく、感覚過敏で困っているのであれば、まずその過敏を将来使えるものに変えられるかを考えますが、やはりそれによる困難が強いようであれば減らしたり慣らしたりすることを考えることになります。

ドライヤーの音を怖がる子どもには、
クールの状態から慣らしていきます

どんなLST?

手順的なこだわりや感覚過敏は、可能であれば少しずつ慣らしていくことで社会生活上の困難を減らします。作業的なこだわりのなかには将来、職業的に役立つものにつながることもあります。

第4章 ライフスキルトレーニング コミュニケーション編

コミュニケーションは対人関係を維持するための基本技術です。一般的には言語的なコミュニケーションと非言語的なコミュニケーションに大別することができます。

言語的なコミュニケーションは音声コミュニケーション（話す、聞く）と、文字コミュニケーション（読む、書く）に分けることができます。非言語的なコミュニケーションには、目を見る、相手の動作を理解する、表情や動きから相手の感情を理解するなども入ってくると思います。かなり多彩な表現方法が非言語的なコミュニケーションには含まれます。

多くの子どもたちは当初は音声言語から覚え始めて文字言語の併用にと移行します。しかし、一部の音声言語は苦手だけれども文字言語は得意とする子どもも存在し、その場合はむしろ文字言語を早期から導入することもあります。

語彙を覚える際、当初は聴覚入力から語彙を覚えていきますが、おおむね6歳以降には文字言語を覚えることによって語彙を増やすスピードが飛躍的に早くなります。定型発達では0歳から6歳までに約１０００語は理解できるようになり、6歳から12歳ではそれが４０００語に増えます。これは漢字も含めて視覚的に覚えることによるためです。つまり、文字言語がうまく使えない場合には語彙が増えないという問題を抱えることもあります。

そのほかに絵カードを使ったコミュニケーションやマカトン法（イギリスで始まったサイン言語の方法）をはじめとしたサイン言語などもあります。これらは文字言語と音声言語のいわば中間とも言えるものかもしれません。子どもたちの言語発達のレベルはさまざまであり、そのレベルによって行なう対応も変わります。ここでは意味のある2語文を使用することができ、2語文以上での指示が理解できるというレベルを中心としてお話をします。

LST 会話をするトレーニング

質問されたことに答える練習

2語文あるいは3語文を話すことができるからといって、会話的なやりとりができるとは限りません。自分の意思で話したいことを話すことと、聞かれたことに適切に答えることは異なります。たとえ成人でもそれができるようになるためには練習が必要です。

また質問に答えることができるようになったからといって、それだけでは不十分です。自分で質問する能力も必要です。会話は、お互いに質問し合って答え合っていくことにより成立してくるからです。ですから会話の練習にもやはり仕込みが必要ですし、そのなかで成功体験を積ませることがつぎにつながります。

一度にうまくできるようにしようと焦ってもうまくはいきません。また会話には話すスピードというテンポも必要になります。このテンポは自分でつくるだけでなく相手に合わせることが必要になりますので、これも練習です。

まずは質問されたことに答える練習です。質問にはつぎの3通りあり、それらの使い分けになります。

1　Open end question
（何でも答えることができる）

2　Closed end question
（選択肢から選んで答える）

3　Yes no question
（はいかいいえで答える）

「朝ごはん何食べた?」、これがオープンエンドクエスチョンです。何を答えてもいいですし、多くの日常会話の質問はこれになります。「どこに行ったの?」「だれと遊んだの?」「今まで

答えられたらハイタッチをして
ほめます

何をしていたの？」などなどです。

　自由に答えることができますが、これが苦手な子どもたちは意外に多いのです。その場合に「なんで答えられないの」と叱ってみても無駄です。

「何食べた？」で答えがなければ「パン食べた？ご飯食べた？」とクローズドエンドクエスチョンで選択肢を示します。ここで答えられることが多いのですが、それも答えが返ってこなければ「パン食べた？」のイエスノークエスチョンにします。

　最初のオープンエンドクエスチョンで答えられなければ、私は2秒待ってクローズドエンドクエスチョン、それでも出てこなければ2秒待ってイエスノークエスチョンに変えていきます。それでも出なければ保護者に聞いたりして「朝ごはんで食べた卵焼きおいしかった？」と

オープンエンドクエスチョンで「どこに行ったの？」と聞きます

答えられない場合はクローズドエンドクエスチョンで「公園に行ったの？けんちゃんの家に行ったの？」と選択肢を与えます

質問します。

答えられたら最初のオープンエンドクエスチョンに戻って「朝ごはん何食べた？」と質問し、「パン食べた」と答えられたらハイタッチでほめます。

大切なことは質問に答えられなくて「失敗した」感覚を持たせないように何とかして答えさせる練習をすることです。幼児期でも、小学校高学年でもこうしたトレーニングをすることによって、驚くほど会話の応答力が伸びていくこともあります。

質問する練習

質問に答えるとほめてもらえるという形に子どもが慣れてきたら、10の質問に連続して答える練習をくり返しましょう。それもなるべく失敗しないように支えながらです。

ゲーム感覚で交互に質問をくり返す練習をします

そして、「朝ごはん何食べた？」に答えられるようになったら、「先生に朝ごはん何食べたって聞いてみて」と質問を仕込みます。つぎはゲームのように交互に質問をくり返す練習です。質問に答えられるようになっても、質問する能力はしばしば不足しています。

私は外来診療でやりとりをお見せしてから学校や家庭で実行してもらっています。質問をくり返す練習によって、それまで「聞いても答えられない子」とみなされていた子でもだんだんできるようになり、それとともに子ども自身のセルフ・エスティームも上昇します。

会話は技術です。私たちは日常生活のなかで自然にトレーニングをしていますが、仕込んで練習をしないとなかなかうまくできない子どもがいることも忘れないでください。

会話がつながるようになると、相手とテンポを合わせる練習にもなります。多くの場合には会話をつなげていくうちにテンポが揃ってくることが多いのですが、何を聞こうか、何を答えようかと時間をかけて考え始めるとテンポが崩れます。練習は簡単な内容で、そして十分にくり返すことが必要です。

ずいぶん前のことですが、アメリカの小学校を卒業された方が、小学校ではアバウトミー（about me）といって自分のことについて1分間で話すことを授業でやっていたそうです。

いかにもプレゼンテーションが重視される国らしいですが、この1分間は名前でも食べ物でも趣味でも何を話してもよいのですが、1分経つとそこで強制終了だそうです。話を組み立てる練習にはよいかもしれません。

どんなLST？

会話は言語的コミュニケーションの基本です。「話すことができる」ということと「会話ができる」ということは同じではありません。できなければステップを追って練習し、「できたらほめる」のくり返しで技術レベルをあげましょう。

LST 顔を見て話すトレーニング

とくに自閉症スペクトラム障害（ＡＳＤ）の方は、動く「眼球」をじっと見続けることが苦手であるために、目を見て話すことが苦手であることがしばしばあります。そのうちに顔を見ることすら苦手になることがあります。相手の目を見て話すことができないというだけで社会的な評価は低下することがあります。

こんなときには相手の鼻を見て話す練習をします。鼻を見ていても60㎝くらいまで近づかな

確実にわからない質問を出して、相手の顔を見ながら「わかりません」と言う練習をします

いと目を見ているように感じます。

ところが、顔を見て話すようになっても、相手の表情が理解できないためにトラブルになることもあります。声のトーンの変化についていくことも苦手です。

まずは、子どもと話していて変だなという状況に気づく必要があります。そのためには一方的に長く話さないことや、相手にどう思っているかを聞く練習も必要になってきます。

失敗した経験が多いと、失敗を避けるために「わかりません」が言えなくなる傾向があります。これは発達障害を抱えていてもいなくても同じです。わからないときに「わかりません」をどうやって言えるようにするかというと、答えられないことが当たり前の状況をつくって「わかりません」を相手の顔を見て言えるようになる練習をします。

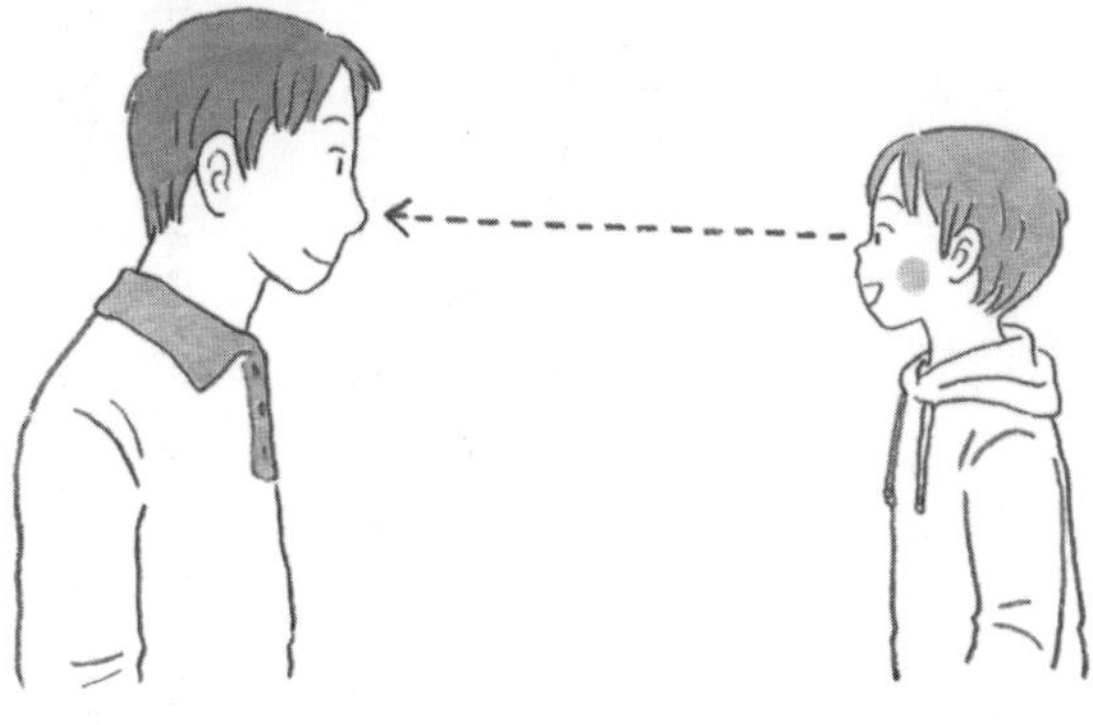

相手の目を見られない場合は鼻を見て話す練習をします

まずは確実にわからない質問を出します。たとえば8桁×8桁のかけ算を出題されても普通は答えられません。答えられないことが当たり前の状況をつくって「わかりません」を言える練習をします。

それができるようになると今度は記憶の問題です。「今日の朝ごはんは何食べた？」「昨日の晩御飯は？」「一昨日の晩御飯は？」……、このくらいは大丈夫でもその前になると何かのイベントでもない限り思い出せません。

この練習を「顔を見ながら」行ないます。顔を見ないで「わかりません」と言っても、普通はまじめに受け止めてもらえません。もちろん顔を見てわかりませんと言っても、どうしてわからないのか怪訝な顔をされることもあると思います。しかし、怪訝な顔をするというのは「受け止めていてくれる」からこそです。取り合ってもらえないのであればそこにもいたりません。

どんなLST？

話している最中に突然相手の顔から目をそむけたら「怪しい」と思われるかもしれません。最初から目が合わなければ、最初から「怪しい」かもしれません。もしできないのであれば、少なくとも相手が目を見ていると誤解してくれるまでの練習が必要です。

LST 順序よく話すトレーニング

5W1H

しばしば話し始めると止まらなくなって、何を話しているのか当の本人もわかっていないのではないかと感じることがあります。

順序よく話すということは基本的には時系列に沿って話すことなのですが、主語が抜けていたり、話が前後したりするために理解されにくいこともあります。

5W1Hを実行することが話をわかりやすくするコツです。

順序よく話すために必要な5W1H

1. いつそれをしたの（When）
2. だれとしたの（Who）
3. どこでしたの（Where）
4. 何をしたの（What）
5. どうしてしたの（Why）
6. それでどう思った（How）

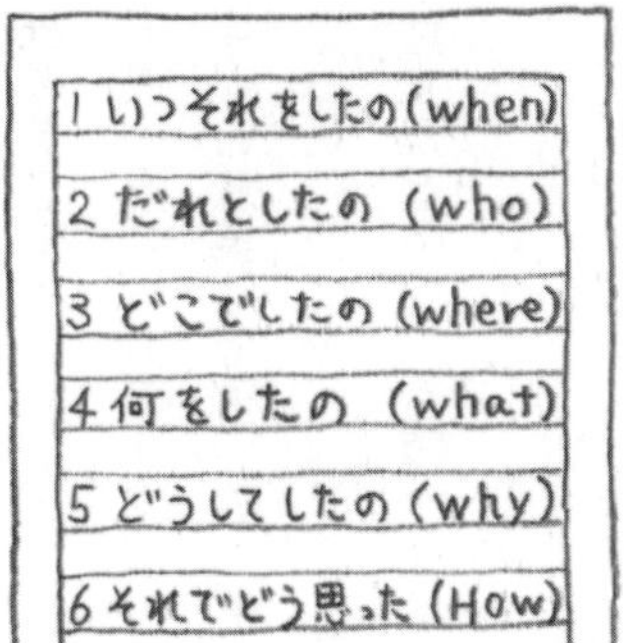
1 いつそれをしたの(when)
2 だれとしたの (who)
3 どこでしたの (where)
4 何をしたの (what)
5 どうしてしたの (why)
6 それでどう思った (How)

紙に5W1Hを書いて、その下に1行だけ答えを記入する練習をします

この6項目を紙に書いて、その下に1行だけ記入する練習をします。最初は1、2のWhenとWhoだけです。つぎにWhereかWhatが入ります。WhyとHowはかなりむずかしいかもしれません。だいたい4Wを意識して書いて、それから話をする練習をします。

これは家庭で行なうことも多いのですが、何について話すかという「お題」は学校で翌日の授業内容も考慮して出してもらってもいいかもしれません。

5、6まですんなり書くことができるようになるまでには、個人差もありますが1年くらいはかかります。決して焦らないでください。焦って子どもが失敗して注意されるような状況をくり返すと進度は遅くなります。

この練習を日記にすることもできます。その場合も同じように最初は1行日記、3行日記となるべく負担の少ない方法にし、だんだんに広げていきます。やはり5、6を書くことができるようになるには数カ月~1年はかかることが多いようですが、日記として続けることで習慣にもなります。

小学校低学年でもパソコンなどのICT（Information and Communication Technology）に興味を持つ子どもも多いですから、その場合にはローマ字入力を教えてWordなどのソフトで入力していきます。私はそれを添付ファイルで送っていただいてチェックをしたり、書き方のアドバイスをしたりすることもよくあります。

相手の話を聞く、交代で話す

もう1つ、順序よく話すために必要なことがあります。それは相手の話を聞くことです。成人の方でも相手の話を聞かないで話し出して、かえって混乱してしまうこともあります。

交代で話すことも大切です。一番簡単なのはしりとりですが、これは単語だけです。できれば文章でそれを行なったほうが効果的です。たとえば

「先生は果物だと桃が好きです。佐久間君は？」

「ぼくはりんごが好きです。野菜だとトマトが好きです。先生は？」

「きゅうりが好きです。佐久間君はそばとうどんとどちらが好きですか？」

「うどんが好きです。先生は肉と魚とどちらが好きですか？」

質問に答えて簡単な質問を追加する。そのくり返しです。先ほどの会話の練習の応用編にもなります。学校でも家でも1日2～3分の練習の積み重ねが大きな効果につながってきます。

どんなLST？

話す順序がばらばらだと「何を言っているのかがわからない」と思われてしまいますし、何度かそれをくり返すと「彼の話は聞いてもわからないから聞く気がしない」と敬遠されるようになります。言いたいことをわかりやすく言う練習は社会で生きていくための大事な鍵の1つです。

LST 状況を理解するトレーニング

わからないと言うトレーニング

空気が読めないという話をよく聞きます。一時期はKYといわれていました。

空気は読むものではなくて吸うものだよ、とあるASDを抱えた成人の方がお話しされていましたが、日本には「目は口ほどにものを言う」「以心伝心」など、口に出さずに察するのが美徳という習慣があるので、とても困ることが起きます。

茶道や華道の世界や古典芸能の世界にはこうしたことが強調されることがありますが、目は話しません。口で話して、理解させることが必要なのです。

手順をきちんと説明すること、わかるだろうと勝手に思わないことです。習慣にするのは意外にたいへんですが、わかりやすく説明することは、子どもたちにとっても役立ちます。

説明する先生には1つずつ順番に「わかりました」と子どもに言わせながら話を進める練習をまずしておきます。そのうえで適切に「わかりません」が「わからないとき」だけ使えるようになることをめざします。

これも練習です。「わかりません」と言えても「ちゃんと聞いていないからでしょ」という対応ではわかるようにはなりません。

空気が読めず何が起きているか理解できないときに、質問することができるようにします。

口をはさまないトレーニング

状況がよくわからないのに、とにかく急いで仲間になりたくて口をはさんで失敗してしまう……。これもよくあることです。

この場合の練習は、テンションをコントロールするときに行なった「カウントダウン」の応用です。
1　話に参加しようと思ったら5を数える。
2　その間何を話しているかを聞く。
3　それから参加する。
家庭の場合には、両親が話をしているときには、5を数えてから話に参加させる、学校の場合には、ほかの生徒と先生が話をしているとき

先生がほかの生徒と話しているときは、
5秒数えてから会話に参加します

には、5数えたら参加する練習をします。こうしたちょっとした練習の積み重ねが、突然口をはさんでしまう失敗を防ぐことにつながります。

ただし、「待つトレーニング」で会話への割り込みを1分待つという状況とは少し違います。1分待つは1対1の会話の状況をつくることですが、3人以上での会話の場合は5カウントで参加します。

どんなLST?

集団に嫌われないで参加するための練習です。これも仕込みで練習しておかないとなかなかうまくいきません。練習しないで「その場」でやっても、多くはこれまでと同じように失敗します。

LST 感情を表現するトレーニング

絵カードで表現する

ASDでは感情を示したり理解したりすることが苦手であることが少なくありません。「人の気持ちがわからないのか」と成人になっても責められている姿を見ることもあります。

本人の感情の表現は、最初は表情絵カードを使うこともあります。「怒っている」「笑っている」「泣いている」、これだけのカードでも役に立ちます。30種類以上の表情カードも市販されていますし、インターネットから無料で入手できるものもあります。

怒っているという表現をするときは、怒っているカードを見せます。最初はカードを使っていても、いずれは言語で対応できるようにする必要があります。ただし、「感情を込めて」話すことは、練習してもなかなか上手にはなりません。

感想よりも知識を増やす

小学校1年生の国語の題材に「おおきなかぶ」という話があります。たとえば、「かぶが抜けておじいさんはどんな気持ちでしょう」という問いの答えを強制しても無理です。「だれとだれが一緒にかぶを抜きましたか」という問いであれば大丈夫なのですが、「感想」を答える問題は、教えられたとおりに答えることはできても、自分で考えて答えることにはつながりにくいのです。

ではどうすればよいでしょうか。私は感想を言うことよりも知識を増やしてくださいとお願いしています。知識が増えればいろいろな場面について理解ができるようになりますから、「こんなときにはこうする」ことを学習していきます。

「人が死んだらどう思う?」には答えられなくても、人が死んで泣いている姿を学習することで、

「泣きたくなる」「悲しくなる」などの答えが出せるようになってきます。私はそれで十分だと考えています。

ですから無理に感想を言わせる練習をするくらいならば、小学生向けの新聞などを読んでほかの子の知らないような知識を増やし、知識の量に周りが感心するようになって自信をつけたほうがよいと感じています。

感情をうまく表現する

感情を表現する方法に問題がある場合もあります。

たとえば、かけっこで負けて相手に「ずるい」と言えば関係は悪くなります。カードゲームで勝って「お前なんか弱い」と言っても同じようなことが起きます。

成人でも善悪を断定的に言われれば、だれし

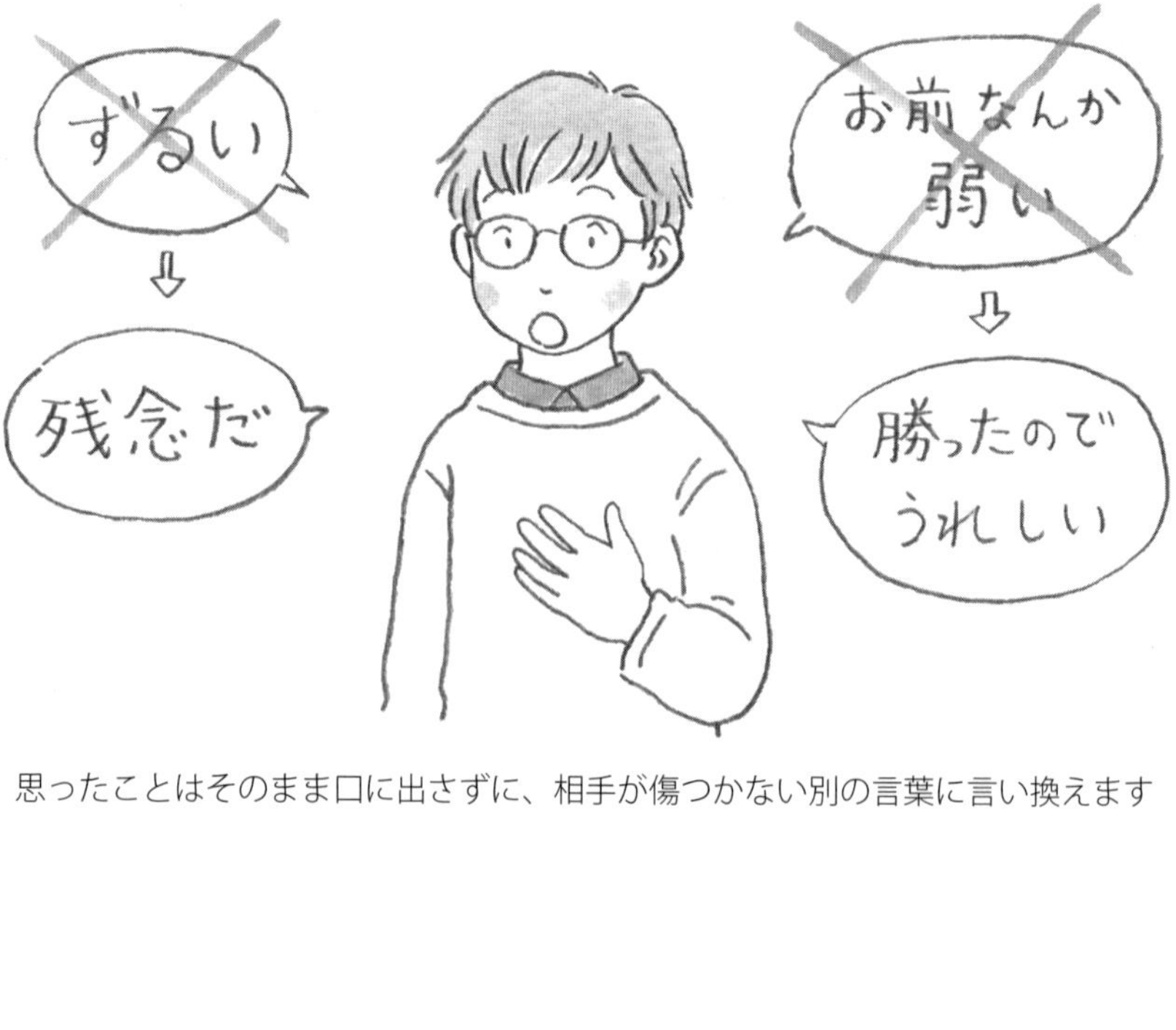

思ったことはそのまま口に出さずに、相手が傷つかない別の言葉に言い換えます

も傷つくことがあります。この場合は、言い方を変える練習をします。

「ずるい」ではなく「残念だ」。

「お前なんか弱い」ではなく「勝ったのでうれしい」。

「君のしたことはよい」ではなく「すばらしい」。

「こんなことをしていいと思っているのか」ではなく「こうしてくれたほうがうれしいからつぎからこうしよう」。

などなどです。


どんなLST?

感情を表現することが苦手な場合には、場面の知識の積み重ねから類推することを覚えた（パターンで覚える）ほうが早いことが多いです。それで社会に出てもそれほど困りません。思ったことをそのまま口に出してしまって失敗した経験はだれにもあると思います。言い方を変える練習をしておくことでトラブルは減ります。

LST 指示に従うトレーニング

特定の子どもが指示に従うことができないという場面は学校でもよく見かけますが、大きく分けて3通りあります。指示を聞いていない、指示が理解できない、やる気がないの3つです。

個別に「予告」をする

まず指示を聞いていない場合の対策です。聞いていないからといって指示する声を大きくして何度もくり返しても多くの場合には効果はありません。ADHDを抱えている場合の注意散漫も含めて、指示をされたことそのものがわかっていないことが多いのです。

サインボードやカードなどで視覚的に注意を引いてから指示を出す、模範になりそうな子どもの後ろに座らせて見習わせるなど、いろいろありますが、もっとも有効なのは、そもそも全体へ指示を出す前に個別に「予告」をしてから指示を出すことです。

「今から国語の教科書の20ページを開いて、とみんなに話すから佐藤君も開いてね」と個別に話し、それから全体に指示をすればわかりやすいかもしれません。

指示は1つずつ

指示が理解できない場合、知的な問題を抱えているために理解できないという場合もありますが、多くは2つ以上の指示が並行してあるいは連続して出されていることが多いようです。ASDを抱えていると、しばしば連続指示や並行指示の理解と実行が困難です。

「筆箱を取り出してコンパスを出してください」→①「筆箱を出してください」②「出したらコ

ンパスを出してください」

「じっと座って先生の話を聞いてください」→①「じっと座ってください」②「みんなちゃんと座っているね。では先生がお話をしますから聞いてください」

と、言い換えます。

先生が話をしながら黒板に板書をすると、話を聞きながら板書をノートに写すことが苦手な子にはつらくなります。

また、板書をつぎつぎに消すのではなくて、一旦黒板から離れて、筆写する余裕をつくることでも助けになります。

できないことを責めるよりもできる工夫が優先です。それぞれの子どもによってどの方法が向いているかは異なりますので、いろいろ試して、そして練習してみてください。

筆箱を取り出して、コンパスを出して下さい
①筆箱を出して下さい
②コンパスを出して下さい

2つ以上の指示は並行せずに、
1つずつの行動に分けて順番に指示を出します

やりたくなくてもできるようにする

だれしも嫌なことはやりたくありません。嫌なことにやる気を出せと言われてもそう簡単にはできません。しなければいけないからするということを、子どもたちが理解して実行するまでには時間がかかります。

大人たちだって法律を守らないと損をする可能性があるから守っていることが多いので、守って得をするからだとは限りません。

がまんの練習と、トークンエコノミーを思い出してください（49ページ）。やりたくなくても少しずつほめられながら続けることが大切です。できなかったことを叱っているだけではつぎにつながりません。少しずつスモールステップで、「できたときの達成感」を支えることのくり返しが必要です。

どんなLST?

指示に従って行動することは個人の場合にも集団の場合にも必要なことです。もし指示がわからなかったらどう行動するか、聞き返すのか、周りの行動を見てあわせるのか、対処の方法を仕込みで練習しておき、実際の場でうまくできたらほめましょう。

LST あいさつをするトレーニング

大人の発達障害を抱えた方たちと接していると、あいさつが下手な場合が少なくありません。あいさつは第一印象をよくするうえでも大切ですし、対人関係の潤滑油です。子どものうちにあいさつの習慣はつけておくべきだと考えています。

おはようございます
こんにちは
さようなら
ありがとう
ごめんなさい

これだけは最低限適切に言えるようになることが必要です。

「おはよう」は「ございます」をつけることも

相手の顔を見て笑顔であいさつができるようにします

つけないこともありますが、その使い分けが苦手なことも多いので、私は「ございます」をつけて言うようにお話ししています。

「こんにちは」と「さようなら」はそのままで練習できます。学校でも家でもあいさつが溢れるようになれば、自然にできてきます。

いろいろな学校を訪問したことがありますが、玄関を上がったときに見知らぬ生徒たちが「おはようございます」とあいさつする学校は、入っただけで明るい気持ちになります。何よりも掃除が行き届いていることが多いと感じています。あいさつの少ない学校はその逆です。

「ありがとう」と「ごめんなさい」は少し違います。多くの場合、子どもたちは「ありがとう」「ごめんなさい」を言うことを要求されることが多いのですが、強制して言わせてみても自然な言葉としてはなかなか出てきません。

何かをしてもらったら「こういうときにはなんて言うのかな?」、怒り出しそうなとき「感情的にならずに落ち着いて」などと話して、子どもが「ありがとう」と「ごめんなさい」を言えたら「できたね」や、ハイタッチをしてほめましょう。

すぐに「ごめんなさい」をくり返す子どももときどき見かけますが、どうしてもセルフ・エスティームが低くなりがちです。いつも叱られたり、注意されたりし続けている可能性が高いと考えています。

自発的に「ありがとう」と「ごめんなさい」が言えたときには、言えたことに対して「よかったね」「すごいね」とほめることが必要です。

どんなLST?

言うまでもなくあいさつは社会生活の基本です。できれば就学前にマスターしておきたいのですが、マスターできていないことも多いので、学校や家庭が協力してあいさつを相手の顔に向かってはっきりと言う練習は欠かせません。

LST 苦手な行を発音するトレーニング

小学校低学年ではとくに特定の行の発音が苦手であるために話が聞き取りにくかったり、話すことを嫌うようになってしまったりすることもあります。多いのは「カ」行、「サ」行、「タ」行、「ラ」行です。

カ行の練習は舌を口底につけて発音します（ガ行、ギャギュギョも同じです）。

サ行の練習は紙を1枚口に加えて練習します（ナ行も同じです）。

タ行は舌を上あごにつけて発音します（苦しいですが慣れてくると感じがつかめます。ダ行も同じです）。

ラ行は舌を巻くようにして発音するのですが、舌の動き自体が悪い場合にはうまくいきません。舌を突き出して、その舌に指で触りながら発音してみます。

このように発音しながら、つぎの文で音読練習を行ないます（A）。

文節を認識することが苦手な場合には、助詞を切り離して読む練習をします（B）。

A　さると　らくだと　たぬきを　どうぶつえんで　みました

B　さる　と　らくだ　と　たぬき　を　どうぶつえん　で　みました

サ行、タ行、ラ行などが混ざったり、続いたりしているので舌の動きをかなり調整しなければなりません。最初は発音することが一苦労で

苦手な行は舌の動きを調整するなどして、
毎日発音練習をします

も、毎日5回ずつ練習していると徐々に上手になります。

どんなLST？
苦手な行があるのに、練習しないで発音できないことを責めてもできるようにはなりません。せっかくきれいに発音できていた行の音も乱れてきます。日々の積み重ねで克服できることはしておきましょう。

LST 読むトレーニング

読むのが苦手な子ども

会話の能力には問題がなくても、文字を読んだり書いたりすることが苦手な場合があります。とくに多いのは「読み」の障害で、読みの障害があれば、程度の差はあれ「書き」の障害も出てきます。日常会話（音声言語）に問題がないのに、文字を読むこと（文字言語）が苦手な子どもたちは少なくありません。文字が読めるから文章が読めるとは限りません。

読みが苦手な場合には、視機能の課題を抱えていることもありますが、一般的には音をコードする（まとまりとして認識する）ことが苦手であったり、文章を読んでいるとちらつき現象が起きて、どこを読んでいるのかがわからなくなったりするようなことがあります。

音をコードするのが苦手ということは、たとえば「あ」「さ」「が」「お」とひらがなを読むことはできても、「あさがお」と音のまとまりとして捉えられないような状況です。ですから一見読むことができるように見えても語彙も増えませんし、流暢にもなりません。文章を読んでいてちらつきが起きると、どの行を読んでいたのかもわからなくなりますので、読み続けることができません。

算数の計算問題はよくできるが、文章題になるとさっぱりできないときには、これが当てはまることもよくあります。

多くは後述の発達性読み書き障害（dyslexia：ディスレクシア）ですが、診断はともかく、読みが苦手であれば対応が必要です。

小学校低学年では国語の教科書を順番に読むことがあります。数年前のことですが、音読が苦手で自分の読むところを推測して時間をかけて記憶して、自分の番のときにはすらすらと読んでいた子がいました。診断がついたのは４年生のときで、語彙獲得の遅れも出ていました。

ルーペを使う

読みをサポートするのにおすすめなのが、シンワ測定の棒状ルーペです。20㎝くらいの長さの断面が半円形のルーペで、赤い線が入っていますので、行にそれを当てます。対象の行のみが拡大され、それ以外の行は見えませんので、ちらつきや行とびは起きなくなります。これを使っただけで飛躍的に成績が伸びる子も何人もいました。

音の拾い読み

つぎに、音の拾い読みから文節読みにする練習を行ないます。例文を示してみます。

文節読みの練習で使える例文

①くまさんは、うちにかえってとだなにおさらをしまいました。
②くまさん　は　うち　に　かえって　とだな　に　おさら　を　しまい　ました。
③くまさんは／うちに／かえって／とだなに／おさらを／しまいました。
④くまさん／は／うち／に／かえって／とだな／に／おさら／を／しまい／ました。

①から④の順番でやさしくなります。①はルーペを併用してもかまいません。文節をひろって読んでみましょう。文節読みができているかどうかは「くまさんは」の「は」が正しく読めてい

ちらつきや行とびにはルーペを使ってサポートします

＊シンワ測定の棒状ルーペの通販ホームページ(http://shinwa.kaneman-shop.com/?pid=60388166)。
ドイツのエッシェンバッハ製もサイズがいろいろありますが値段が高めです。

るかどうかがポイントです。

①がむずかしければ②で練習します。②は助詞も切り離しています。それでも読みにくければ、文節のあいだに／を鉛筆で入れた③で、助詞が判読しにくければ④で練習します。

実際にはしばらく④で練習すればすぐに③でも大丈夫になることも多いのですが、③の状態で読めるのであれば1年は続けてくださいとお話ししています。十分に慣れて語彙を増やすことも大切です。

小学校4年生レベルですと定型発達の子どもは「戸棚」という語彙を持っていることが多いのですが、読みの障害があると知らないことがあります。知らない言葉は、当たり前ですがすらっとは読めません。

算数のかけ算などの筆算でも文字がずれて桁が混乱することがよくありますので、そのときには図⑧のように縦線を補助で入れると混乱が減ります。

読みについては鳥取大学小枝研究室のホームページ（http://www.dyslexia-koeda.jp/、2016年3月末まで閲覧可能）やDAISYのホームページ（http://www.dinf.ne.jp/doc/daisy/about/）も参考になります。

図⑧　縦に補助線を入れた算数の筆算式

	5	3	8
	×	1	2
1	0	7	6
5	3	8	
6	4	5	6

音読の練習

読めるようになったら音読の練習が大切です。語彙を増やすだけではなく、文字言語と音声言語を結びつけて、両方が使えるようになったほうが将来の生活は楽になります。1日3分でも続けてくださいとお願いしています。音読を続けることで書字が上手になってくる場合も多いと感じています。

音読に集中するために100円ショップで売っているエコーマイク（音が反響して少し大きなボリュームで聞こえる）を使うことをおすすめする場合もあります。音読がスムーズになってから黙読をさせます。それによって文字を読むスピードが上がります。黙読を急ぐと内容の理解が十分でない場合が多いと感じています。

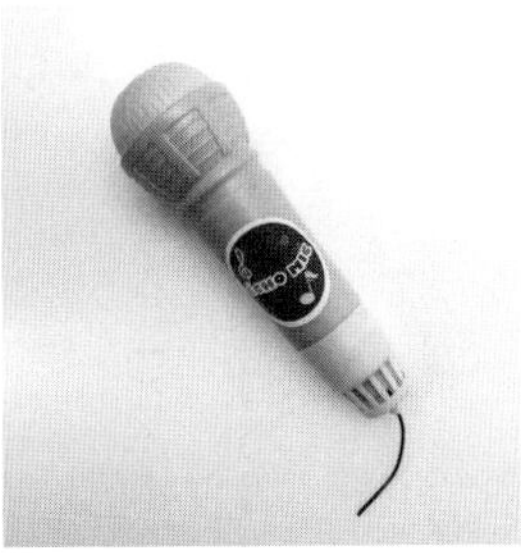

エコーマイクを使うと音読に集中することができます

どんなLST？

程度に差はありますが、思っているよりも読みの困難を抱えている人たちは多いのです。まずはその苦手さを発見すること、つぎにそれを克服する練習をします。ここで紹介したことをベースに応用してみてください。早く取りかかるほど語彙が増えるのが早くなります。

LST 書くトレーニング

指のトレーニング

読むことが苦手な場合、書くことも苦手なことが多いのですが、そのほかにも指の動きが悪い、筆圧が弱いなどがあるために書くことが苦手な場合もあります。

小学校低学年では指の動きが悪い場合には、親指、人差し指、中指を独立して動かすことが苦手なことがよくあります。

その場合、洗濯バサミを使って親指と人差し指、親指と中指で開く練習をすることもあります。洗濯バサミにあらかじめ物を挟んでおくと小さな力で開くことができますので、最初はここからです。

また3本の指を強調して動かすために、トイレットペーパーの芯を指3本で持って回す練習や、あやとりなどを練習することもあります。

筆圧が弱い場合には、濃い鉛筆を使うことと、最初は傾斜をつけた台の上に紙を置いて書けば、平面で書くよりははっきりと書くことができます。

逆に、筆圧が強すぎて早く書けないこともあります。指の使い方のぎこちなさなどが原因にあることが多いのですが、その場合には逆に傾斜を手前を高くします。すると筆圧が下がるので、多少は早く書けるようになります。

また、なぞり書きが苦手な場合には、まずなぞる字を大きくして練習します。パソコンなどで白抜きの文字をつくってそのなかに線を描くという方法もあります。

一度に何とかしようではなく、1日3分でかまわないので練習を続けると、2～3カ月で効果が出てきます。

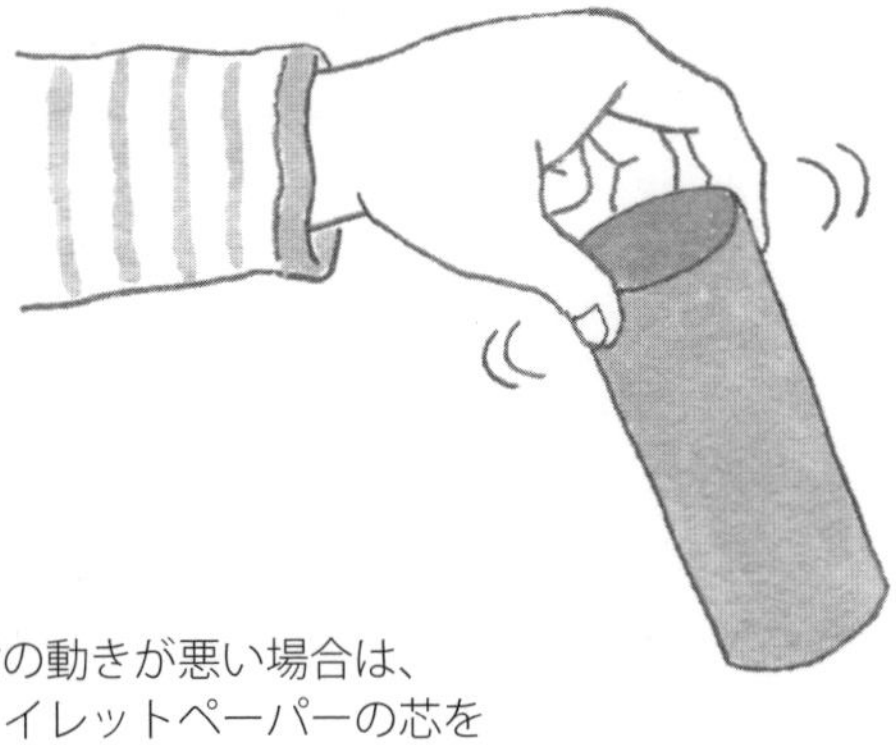

指の動きが悪い場合は、トイレットペーパーの芯を指3本で持って回す練習をします

凸を伸ばす教育

知的能力が非常に高いにもかかわらず、書くのは時間がかかっていらいらするから嫌だという子どもたちがいます。タブレットパソコンを渡して1週間練習してもらったら、信じられないようなスピードで文字を打っていました。とても驚いた経験でした。

学校教育でもパソコンをはじめとしたＩＣＴは取り入れられるようになっていますし、それらを使うことによってコミュニケーション能力を高めることもできます。順序よく説明するのが苦手であっても、たとえばマインドマップを作成するソフトを使って、思いつくままにとりあえず入力し、後で順だって配置し直すということも可能です。

ICTで役に立つソフトはフリーソフトも含めれば膨大な数に上ります。東京大学の中邑賢龍教授[*1]や近藤武夫准教授[*2]らは、それらのソフトを応用し特異な能力を発揮させることをめざしておられます。日本の教育は凸凹を補整しようとしますが、なぜ凸だけを伸ばすことを考えないのかということを、シンポジウムでご一緒した際に話されておられましたが、本当にそうだと思いました。

わが国の学校教育はまだまだ減点主義で、できるところがあってもできないところが問題視されがちです。日常診療でもこの問題はいつも考えさせられることで、自分に何ができるか考え続けています。

＊1　異才発掘プロジェクト「ROCKET」　http://rocket.tokyo/

＊2　DO-IT Japanプロジェクト　http://doit-japan.org/2015/

どんなLST？

読みの問題があれば書きの問題を抱えることが多くあります。社会生活では文字を書くことは必須のスキルです。できないことをできるようにするために、いろいろな方法があります。

第5章 発達障害とは

今や発達障害という言葉そのものを知らない人はいないと思いますが、「発達」と「障害」という、もともとある言葉をつないだ「発達障害」という名称は、人によって連想するものがさまざまです。

以前にある小学校でお話をしたときに、先生方に「発達障害って何?」という題で100字程度にまとめていただきましたが、内容はさまざまでした。

ここではLSTを考えるうえで、発達障害についての共通の土台をつくり、理解を進めるためのお話をします。

発達障害とは

定義

平成17（2005）年に発達障害者支援法が施行され、その第2条で「自閉症、アスペルガー症候群、学習障害、注意欠陥多動性障害、その他これに類する脳機能の障害であって、その症状が通常低年齢において発現するもの」と定義されています。具体的な支援の面では2012年から障害者自立支援法の一部改正によって発達障害は精神障害の一部とされ、法的にも障害であることが確定し、その後2013年に障害者自立支援法は総合支援法に変わりました。

この定義は疾患の羅列であり、質的な定義ではありません。私は、「発達の過程であきらかになる行動やコミュニケーションなどの障害で、根本的な治療は現在はないが、適切な対応により社会生活上の困難は軽減される障害」と位置づけています。この本ではその意味で発達障害という言葉を使います。

発達の過程であきらかになるので、生まれたときにすぐ診断できるわけではありません。基本症状は行動やコミュニケーションの問題です。行動の問題の多くは歩き始めなければ診断はつきません。歩き出しは1歳過ぎてからが多いですから、早くても幼児期にならなければ問題点はわかりません。

コミュニケーションの問題では、言葉をしゃべり始めるのが、定型発達の場合には1歳から2歳のあいだですので、やはり幼児期にならないとわかりませんし、言葉の遅れがなければ、成人期まで診断されない場合もあります。

治療法と対応

根本的な治療法は、遺伝子治療を含めて、あるいは薬物療法も含めて現時点ではありません。症状をある程度抑えるという意味ではADHDの保険適用の治療薬が2種類あります。そのほかの二次障害としてのうつ病、パニック障害、強迫性障害などに関しては、それぞれに対する治療薬がありますが、根本的な治療で、症状のすべてをきれいに消し去ってしまうことは、現在はできません。

しかし適切な対応をすることによって、社会生活上の困難は（程度が大きいか小さいかは別として）軽減されます。

発達障害の主症状は行動やコミュニケーションです。立ち歩く、一方的に話す、会話が続かない、あいさつができないなどで、つまり「ほめてもらえる」ことは少なく、「注意される」「叱られる」ことが多くなります。ですからセルフ・エスティームが低くなりがちです。

私は本当に必要なのは、診断よりも困っていることへの対応だと考えています。そう考えているからこそ、第3章、第4章を先にお話ししました。

発達障害の増加と問題点

発達障害は、今や医学だけではなく、教育の世界でも社会でも話題になっています。発達障害はなぜか増加しているということが国際的にもいわれています。

本当に増加しているのかどうかということですが、一般的に病気は診断基準ができて診断されるようになると、その診断にあてはまる患者さんが増える、という傾向がありますので、本当に増加しているのかと国際的にも多くの調査が行なわれ、今のところは増加している可能性が高いということになっています。

発達障害は新しい概念なので、過去と比較できるのは古典的なタイプの自閉症しかありません。30年前には数千人に1人の頻度といわれていましたが、今は同じタイプが300人から400人に1人ぐらいはいそうだ、といわれるようになってきました。

もちろん発達障害という概念や診断基準ができて、診断ができるようになったことが大きいとは思いますが、それ以外にも環境問題や遺伝子の問題を含めていろいろな説が出ているものの、決定的な説明はまだできません。

発達障害が増えているのかどうかということを考えるときに大切な問題があります。それは発達障害として代表的な自閉症スペクトラム障害（ASD）も、注意欠陥多動性障害（ADHD）も学習障害（LD）も、いずれも症状の広がりや強さに連続性のある障害であるということです。この連続性をスペクトラムといいます。

自閉症はスペクトラムとして認識されるようになってきましたが、ADHDやLDは診断基準に当てはまれば「黒」、当てはまらなければ「白」とされることが多く、まだまだ後述するグレーゾーンの認識も含めてスペクトラムとしては捉えられていないことが多いように感じています。

診断基準に当てはまったからその障害が確定ということではなく、時期や年齢によって診断基準を満たすことも満たさないこともあります。

つかみどころがないので、個性だという人もいますが、それは違います。個性は「社会的な枠組みのなかで発揮される」ものです。社会的な枠組みを守ることができてそのなかで発揮されるものです。一方障害は対応をしなければ社会的な枠組みに触れてしまいます（法律的な意味だけではなく、社会生活に困難を抱えやすいという意味です）。対応した後に発揮されるものが「個性」なのです。最初から個性だと考えて困難への対応を放置することは、問題を先送りしたり、二次障害につながったりする可能性を高くします。

それと同じように、発達障害は育て方でなるのかということもよく聞かれますが、ここまでお読みになればおわかりのようにどのように対応するかで症状も変わりますし、社会生活上の困難も変わります。

ですから育て方でなるわけではありませんが、育て方によって困難が増強も軽減もしますとお答えしています。

かけらはみんなが持っている

発達障害の分類

身体障害や知的障害とは異なり、発達障害のむずかしいところは、その障害の「かけら」は大きいか小さいかは別としてだれもが持っているということです。

図⑨にあげたこれらの症状は、成人の発達障害の方のスクリーニングをするときにしばしば使う項目ですが、おそらくこれらのどれもまったく当てはまらない人はいないのではないかと思います。

すなわちどんな人も「かけら」は持っているわけです。そのかけらがあるために社会生活で現在困難を抱えている、あるいは将来に高い確率で困難を抱えるとすれば、それが「障害」となるわけです。

症状があっても社会生活に困難がなければ問題はないことになります。言い換えれば「困った人」ではなく「ちょっと変わった人」になりましょうということです。

人と目を合わせることが苦手なのはＡＳＤの方にしばしば見られますが、成人のＡＳＤでも少なくとも３人に１人の方は目を合わせることができます。それだけでＡＳＤを疑うのは無理です。もっといえば、臨床的には子どもから大人まで、目が合っているとASDを抱えていても診断が遅れます。

このような状況を踏まえて私は発達障害をcore（中核群）、gray zone（グレーゾーン）、category（周辺群）に分けて考えることにしています。

症状があって社会的困難があればcoreになりますし、適切な対応などで多少緩和されて社会生活に参加できればgray zoneです。ただ症状があるだけで困っていなければcategoryになります。この3つははっきりと分かれているわけではなく、切れ目のない連続体のようなものです。

coreにいる子どもをどうやってgray zoneやcategoryに移動させるかということが鍵です。それがすなわち社会参加を可能にするということです。

落ち着いて授業を聞くことができずに歩き回ってクラスを混乱させていた竹内君は、そのときにはcoreでしたが、LSTでかなり座っていられるようになり、クラスも落ち着いてくればgray zoneになります。

図⑨　発達障害のスクリーニングに用いられる項目

- 目を合わせて話すことが苦手である
- 自分なりにこだわりがある
- 話し始めると止まらないことがある
- じっとしているといらいらする
- 予定が急に変更されると戸惑う
- すぐに集中力が途切れることがある

ときどきいらいらした様子は見せるし、焦って間違えることはあるけれども授業に参加できるようになればcategoryです。ですからcoreからcategoryに移動させるには、そうしたステップが必要になります。

しかし担任が変わって対応が変わったり、家族が病気になって精神的に不安定になったりすれば、また立ち歩きが復活するかもしれません。すなわちcoreに逆戻りです。

このように考えれば、みんなが発達障害の「かけら」は持っていますし、gray zoneがとても多いということです。しかし、診断があろうとなかろうと、抱えている困難への対応が必要であることは理解していただけると思います。

生活の質（quality of life：QOL）の確保

coreからgray zoneに、そしてcategoryにステップアップしていき、最終目標はつぎの一言に尽きると考えています。

「行動やコミュニケーションの問題を抱える子どもたちが、適切な対応で伸びていけば、税金で養われるようになるかもしれない人を、税金を払う人にすることができる」。

本当の意味での自立は税金を払う立場になることだと考えています。以前に成人の知的障害を抱えた方の施設のお手伝いをしていたときに、もし子どもの頃から適切な対応をされていたとしたら、今はここにはいなかったかもしれない、普通に社会で暮らしていたかもしれないと考えざるを得ない方たちに少なからずお目にかかったことからです。

子どもの時間は長くはありません。様子を見るのではなく、適切な対応が必要です。

ある医学系の学会でこう言ったところ、それでは障害者にあまりにも冷たい、という発言が出ましたが、必要なのはセンチメンタリズムではなく行動です。

発達障害を抱える子どもたちにとって、現時点で抱えている課題や困難に対応することはもちろん必要ですが、もう1つは20歳になったときの生活の質をどのように確保するかという視点も必要です。今だけのことではありません。

ＡＤＨＤとは

定義と治療法

注意欠陥多動性障害（Attention Deficit/ Hyperactivity Disorder：ＡＤＨＤ）の一次性の症状としては、不注意の症状、多動・衝動の症状があります。アメリカの診断基準であるＤＳＭ（Diagnostic and Statistical Manual of Mental Disorder）が改定され、症状が12歳以下に見られること、学校や家庭など2つ以上の場所で見られることも定義されました。

不注意の症状は9項目のうち6項目以上、多動・衝動の症状は9項目のうち6項目当てはまればそれぞれ「不注意優勢型」、「多動・衝動優勢型」、両方あれば「混合型」ということになります。

また以前はADHDとASDの併存診断は認められていませんでしたが、改定により認められるようになりました。男児が女児の4~8倍多いことが知られています。

しかし、ADHDを抱えた子どもが100人いたとして、それぞれの抱える症状も社会生活上の困難も異なります。診断基準を満たしたから黒、満たさなかったから白ということではありません。ADHDもスペクトラムですから、症状の強さも抱える困難も1人ひとり違います。

要するに多動や衝動の症状を見ても、症状が出現するかどうかのいわゆる野球のバッターの「ストライクゾーン」は子どもたちそれぞれで違います。

不注意の症状として、忘れ物が多いとか、集中できない、ルールを守れない、飛び出す、じっとしていられないなどなどの訴えがあれば、普通はこれがあるからADHDだね、ということになります。しかし、忘れ物が多ければリストをつくる、連絡帳を活用する、1分座っている練習からする、などこれまでいろいろお話ししてきたように、私はまずLSTをしてみようと考えています。

しかし、LSTを行なってみて、ストライクゾーンを狭くしてもなかなか困難が解決できないときには、場合によっては薬剤の力を借りることがあります。薬剤を使わないということではなく、私が外来診療で拝見しているADHDを抱えた子どものうち約20%には投薬を行なっています。

ADHDに対する薬剤では、メチルフェニデート製剤であるコンサータと、アトモキセチン製剤であるストラテラが保険適用を得ています。

コンサータには即効性はありますが、タバコと同じ程度の依存性があるといわれていますし、体重減少、食欲低下、睡眠障害、不整脈などの副作用もあります。ストラテラでは依存性は少ないとされていますが、効果が出るまでに2~3週間かかりますし、便秘や腹痛などの消化器症状やいらいらなどの精神症状が見られる場合もあります。

なお、現在ではこの2つの薬剤とも成人のADHDに対しても使用可能になりましたが、成人のケースでも基本はやはりLSTです。まずはLSTでストライクゾーンを狭くして症状が出にくいようにしてみますが、それでも学校など社会生活のうえでの困難が大きければ投薬を考えることも1つの方法です。

最近では、対応に困った学校から保護者に対して「投薬も考えてみたら」という提案がされることもあります。しかし、多くの場合、適切な対応をする以前に、副作用や依存性のリスクも知らずに無責任な発言になっているのではないかと感じています。

特徴

ADHDは、基本的にはあくまで行動の問題で、精神発達や運動発達の遅れが主ではありません。適切な対応をしなければ、高い確率で二次障害が出ます。二次障害についてはまた後でお話しします。

授業中や給食後に動き回ることも多いのですが、このパワーが授業中あるいは職業中に出れば障害ですが、職業に生かされれば才能になります。しかし、実際に子どもたちと対応していると、パワーを生かそうとするよりすべてのパワーを減らしたくなることがしばしばです。不都合なときのパワーを減らして、好都合なパワーを増やすということが必要であることは言うまでもありません。

ＡＤＨＤの二次障害でもっとも多いのは、行動面で注意され続けているうちにキレやすくなり、反抗挑戦性障害や行為（素行）障害に移っていくことです。その予防の意味でも適切なＬＳＴを行なうことには意味があると考えています。

反抗挑戦性障害では周囲の知っている人への反抗的な態度が中心ですが、行為（素行）障害になれば、犯罪行為に手を染めるようになります。さらに進行して反社会的人格になれば塀のなかでの生活が長くなります。やはりセルフ・エスティームが低い場合に移行しやすいと考えられるので適切なＬＳＴが必要です。

過活動性があることが多いので、動き回ったり気分を変えていったりすることが得意な場合が多いです。私は、２人乗り自転車のダンデムに例えています。これは、２人の意見が合えば、普通の１人乗り自転車より速く走ります。これは才能の部分です。合わないとぐるぐる回って前にも進みません。これが障害の部分です。

過活動性があるために、技術・設計、著述業、教師、警察官、プログラマーといったようなじっくり取り組む職業が一般的に苦手です。将来得意な職業として、セールス・営業担当、電話勧誘、マスコミ、窓口案内係などがあげられます。

しかし叱られたり注意されてばかりで、セルフ・エスティームが低下してしまった子どもは、ここまでたどり着かないことがあります。

ＡＤＨＤを抱えた中学生の子どもが、私の外来診療に通い始めた頃のことです。ある同級生に「おまえ、あそこの自転車ちょっと借りてこいよ」と言われ、借りてきたら、「おい、よくやったよ、すごいな」ってみんなにそこでほめてもらえました。それは盗んでこいということです。それから、もう下働きのように、万引きなどを常習的にするようになりました。

そのうちに逮捕されて、その子は結局少年院に送られ、その子を動かした周りの子どもたちは事情聴取だけですんだということがありました。叱られてばかりで自信をなくした子どもにしないことがどれほど大切かということです。

自閉症スペクトラム障害とは

定義

自閉症（Autism）は、ギリシャ語で「自我」という意味の「autos」に由来しています。

１９４３年に、レオ・カナー（Leo Kanner）が報告しました。古典的なカナーの自閉症は、言葉の遅れで見つかることが多いので、知的障害であると考えられてきました。

アスペルガー（Asperger）症候群は、１９４４年にハンス・アスペルガー（Hans Asperger）が報告したことに由来します。言葉の遅れはないことが多いですが、コミュニケーションなどの困難を抱えることが多くなります。

以前はPervasive Developmental Disorder、すなわち広汎性発達障害と言われてきたのですが、改訂されたＤＳＭ－５では「自閉症スペクトラム障害（Autism Spectrum Disorder：ＡＳＤ）」（スペクトラムは「連続体」の意）と名前が変わりました。男児が女児の３～5倍多いことが知られています。

なぜスペクトラム（連続体）なのでしょうか。

ＡＳＤを抱えている3人の知能指数（ＩＱ）が、それぞれ50、80、１２0だったとします。しかし、３人ともトイレに行くとエアータオルの音でパニックを起こしますし、後ろからぽんと肩をたたかれるだけで固まってしまいます。向かい合っても、目を合わせて話すことができません。このようにＡＳＤには知的にも症状の面にも強さや広がりに連続性があることがあきらかになってきました。

特徴と対応

ＡＳＤの基本症状は対人コミュニケーションの障害とこだわりです。対人コミュニケーションの障害には言語発達の遅れから、会話能力の不足、感情のやり取りの苦手さなども含まれますし、こだわりには物体などへのこだわりのほかに感覚過敏も含まれます。

臨床的には幼児期に言語発達の遅れで発見されることの多い古典的なカナー型と、言語発達の遅れは見られないかあっても軽く、むしろ対人関係を中心とした社会生活上の困難や二次障害を起こしやすいアスペルガー型に分けたほうが理解しやすいと思います。

後者は現在では高機能自閉症（high functioning autism spectrum disorder：高機能とは知的障害がないという意味で、通常はＩＱが70以上です）と呼ばれることが多くなっています。

70という数字はＩＱの標準値を１００とした場合の2標準偏差であることから知的障害の判定に使われていますが、1人で社会生活を送るためにはもう少し高い数字が必要かもしれません。ただし、発達障害を抱えている場合は、正確な知的能力を測定し、判定することにはしばしば困難を伴います。

これらの対応の基本については前著『自閉症スペクトラム障害』（岩波新書）を参照していただければと思います。

ＡＳＤには現在、確実に有効とされる薬剤はありませんので、二次障害の場合を別とすればやはりＬＳＴが対応の中心になると考えられます。

対人関係でしばしば問題になる、目を見て話すことが苦手、一方的に話す、会話がつながらない、などなどコミュニケーションの症状についてはこれまでもお話ししてきたのでだいたいは理解していただいていると思います。こだわりや感覚過敏についても同じです。

高機能自閉症では、熱中し始めると止まらない、気にせず熱中する、熱中していることについての記憶力や集中力は想像以上である、運動面で不器用さがあったり、よい日と悪い日の差が極端にあったりするなどの特徴もあげられていますが、対応の基本は同じです。

診断の時期は、ときには幼児期から可能ですが、多くは5歳児以降かと思います。個々のケースを丁寧に診ていくと、2~3歳から高機能自閉症と診断できるケースも実はありますが、多くは小学校入学後に診断されますし、成人まで診断されていないケースも少なくありません。

高機能自閉症を抱えている子どもの集中力にはものすごいものがあり、しばしば驚かされます。小学校1年生ですべての国の国旗と首都などを覚えている子がいるかと思えば、ポケットモンスターの名前が流れるように300匹出てくる（全体では500匹あまりだそうですが）子もいます。

ここで大切なことは、「そんなこと覚えたって仕方がない」と言わないことです。まず「それだけできるってすごいね」という言葉をかけましょう。英単語を6000覚えたら、だれも「そんなこと覚えたって仕方がない」とは言いません。まず能力を認めることが、セルフ・エスティームを落とさずに、将来役立つものに向けるための第一歩です。

将来の問題を考えるうえでは、コミュニケーションが下手だけれども、正直、真面目、率直、正義感が強いという長所があります。ただ、この正義感は「マイ正義感」なので、一般社会の常識とはずれていることもあります。高い対人コミュニケーション能力と活動性を必要とする営業マン、店員、窓口業務が主な公務員、銀行員は向いていない職業といえるでしょう。向いている職業としては、技術・設計者、音楽・芸術家、将棋や囲碁のプロの棋士、コンピューター関連、研究者、教師も専門性の高い分野では活躍している方もたくさんいます。警察官・自衛官は、やらなくてはいけないこととやってはいけないことが明確で、上下関係もわかりやすいので結構なる方が多いといわれています。

学習障害とは

定義

学習障害（Learning Disorder：ＬＤ、学習困難）は、知的に異常がないのに、字を読む障害、算数の障害、字を書く障害などがあり、そのために社会生活上の困難をきたします。

もっとも多いのは発達性読み書き障害といわれるディスレクシア（dyslexia）です。この場合には話す、聞くという意味での音声言語の障害はあきらかではないことが多いので、文字言語での障害が出てきます。すなわち知的には異常がないにもかかわらず、字を読むことが苦手で、音をまとまりとして認識することも苦手です。

特徴と対応

「読み書き」のトレーニング方法の一端は先ほども紹介しましたが、それによってできることが増えるにもかかわらず、診断すら受けていない子どもたちはたくさんいます。男女差はあまりないと考えられていますが、やや男児に多いという報告もあります。

10歳くらいでしたら、昨日の晩御飯、一昨日の晩御飯の内容を思い出してもらってください。これに答えられれば知的レベルはIQ80以下ということはまずありません。6歳で妖怪ウォッチが好きな子どもでしたら、「ニャン」のつく妖怪を10匹言ってごらんと声がけをします。これがあっさりできれば知的障害はまずありません。

会話の能力に問題がなく、知的能力に問題がないはずなのに国語のテストの点数がよくない、算数の文章題ができない。こうしたときには先ほど示したようにして文字が「読める」かどうかを見てください。

読みが苦手であれば語彙の収集が遅れてきますので、学力低下が起きてきます。これは防ぐことのできる学力低下ですし、それを支えるかどうかで子どもの将来も変わります。これも連続体(スペクトラム)なので読むのが少し苦手から文節を認識するのに苦労するレベルまでさまざまです。

音をまとまりとして認識する能力は言葉を逆に言ってもらえば簡単にわかります。「いぬ」を

「ぬい」と言えないことがあり、「あひる」はだいたい「るあひ」になります。

軽度の場合には知らない単語を読むのが苦手ということもよくあります。たとえば「ひつじ」はすんなり読めても、意味のない文字列の「ひらじ」にすると読むことに苦労することもあります。これは読みの苦手さから語彙が少なかったり、音だけを拾ってその文節の意味を理解しようとして、それができなかったりすると混乱するなどのことからわかる場合もあります。

読みが苦手であれば語彙も少なくなりますし、多くの場合書くことも苦手になります。

ある小学校4年生の男子は「田中君と水田君がけんかをして先生に叱られた」という文章を書くべきところ、「たなか君ドキューン、みずた君バキューン、せんせいゴーン」と不揃いな字で書いていました。

読むためのトレーニングをはじめ、文字を書く練習はポケモンの攻略本を写すことから始めたところ、数カ月後には「田中君といっしょに学こうから帰った」と書けるようになってきました。

早期に対応するほど、語彙の獲得にも書字の獲得にもつながりやすいのです。漢字については読むことはできても書くことはなかなか上達しないことがあります。とくに同じ漢字にいくつもの読み方がある場合に混乱します。音読も併用して、文章の流れのなかで覚えることをすすめています。

算数の障害では1、2、3という順序の数は理解できても、2個、3個という概念の数の理解が困難になりがちです。2＋3＝5、5＋3＝8と答えますが、「8＋3は？」でくり上がりがあって指では数え切れないのでむずかしくなります。やっとのことで11と答えてもつぎの11－4＝？には15と答えることが多くなります。

指を使って数える、爪を使えば20まで数える方法もありますし、かけ算九九は覚える。可能ならインド式九九で20×20まで覚える。できることは少しでもやってみましょう。ほめながらやっていると、少しずつですが効果が出てきますし、そうすれば自信もついてきます。いわゆる食わず嫌いになることは避けたいと思っています。大人になれば電卓などを使うことでカバーできます。

特定教科ができない場合、もっとも困るのは高校入試です。本来持っているはずの能力よりもレベルの低い高校を選択せざるをえないことが多いですし、高校受験そのものをしない子どももいます。最近では通信制の高校を利用する子どもたちも増えてきました。

奈良県や広島県などディスレクシアに対しての入試の特例を設けていたり、大学入試センター試験のように試験時間が1・3倍になったりする対応は始まっていますが、診断書がないとダメです。ですから診断すらされてない子どもたちはそのチャンスすらない、ということになるわけです。

第6章 二次障害およびその周辺

発達障害の基本症状だけではなく、それ以外の症状が発達障害に関連して出てきた場合にはそれを二次障害として扱います。発達障害におけるＬＳＴは、二次障害の予防の効果もあるのではないかと考えています。

二次障害は思春期以降に出てくることが多く、思春期以降の初診の方では発達障害の症状自体よりもむしろ二次障害で苦しんでおられることも少なくありません。

また、二次障害では精神的な不安感や苦しみを感じていることも少なくないので、ＬＳＴが基本であるとしても、そのほかに薬物療法が必要になることも多くあります。

一方で、二次障害を起こしているときには一般的にセルフ・エスティームも低下しており、この場合は薬物療法だけではなくＬＳＴが改善のためには欠かせません。できることを少しずつ、ほめながら増やすということです。

キレる

キレるということは医学的に定義すれば、頻度や状況にもよりますが、反抗挑戦性障害の症状である場合もあります。キレるという状態は冷静にコミュニケーションをとるのではなく、感情的になっている状況です。だれしも、注意されたり叱られたりすることが続いていると、精神的に不安定になりキレるようになります。これは子どもも大人も同じです。

とくにADHDを抱えていると行動の問題でくり返し、しつこいほど注意され続けることが多く、就学前にすでにキレやすい子どもになっていることがあります。それをさらに放置していれば行為（素行）障害へと進み、犯罪傾向に陥るかもしれません。

キレる子どもは、子どもが「悪い」のではありません。多くの場合には、注意し、叱っている周りの大人がその原因をつくっていると言えます。キレる子どもをいくら叱っても、ひどくなることはあっても治ることはありません。お手伝いから始めて地道な立て直しが必要です。まさにLSTの出番です。

しかし思春期以降にキレるだけではなく発作的に自殺を図ったりするような場合には、入院や薬物治療を含めた医療的ケアが必要になります。

不登校

不登校は病名ではなく、疾患や経済的以外の理由で学校を30日以上休んでいるという状態に過ぎません。そこにはさまざまな理由や原因がありますが、「学校に行くはず」の子どもたちが「学校に行かない、行けない」という状況は自然ではありません。

そして子どもたちの多くは「学校」から逃れてほっとしていることはあるとしても、その状況が「自然な状況」だとは感じていません。ですから長期化すればセルフ・エスティームも低下しますし、気力も低下します。何よりも学力の低下も小学校高学年以降では大きな問題です。

ですから「学校に行かなくても大したことはない」「それは悪いことではない」などとは言わないでいただきたいのです。もちろん再登校が解決だと考えているわけではありませんが、周囲の大人たちが不登校を容認する態度をあきらかにしていると、一般的に不登校は長期化します。

発達障害を抱える子どもたちの不登校問題は、ＡＤＨＤではいじめと学業不振から、高機能自閉症ではいじめと孤立から、学習障害ではいじめと学業不振から起こることが多く、いじめの問題は避けて通れません。

不登校は学校という「社会」に対する不適応ですから、学校生活での問題点が何もないということは、普通はありません。長期化する前に、子どもや保護者の声を聞く必要があります。

「学校に来るようにお子さんに伝えてください」という指示は、そもそも何で学校に行けないかという子どもの声に耳を傾けていないので、意味がないと感じています。学校での問題点があきらかになれば、そこでLSTの出番になるかと思います。

問題点を「一緒に考えましょう」と言ってくれる学校ならばよいのですが、「発達障害を抱えているのであれば仕方がないですね」と最初から努力を放棄していることもあります。

長期化した不登校の子どもに将来してみたいことを聞くと、ほとんど答えは返ってきません。将来目標が持てない状況では精神的にも追い込まれがちです。

不登校の解決は子どもが笑顔でいられて、将来目標ができることです。そこまで努力を続けることは容易ではありませんが、場合によっては不登校でも対人関係と学力が保てればよいという割り切りが必要なこともあります。

小2から中3まで8年間の不登校の後、通信制の高校、そして大学に入って国家資格を取って社会で活躍している子もいます。みんなにそれができるわけではないと思いますが、将来目標をつくるお手伝いは子どもを取り巻く大人たちにとっても大切な任務だと考えています。

いじめ

ADHDでは、衝動的な行動で周囲を敵に回してしまうことからいじめにあったり、あるいは調子に乗っていじめに参加してしまい加害者になることもあります。学業不振や忘れ物が多いことからからかわれていじめの対象になることもあります。

高機能自閉症では、場の状況が理解できないことやコミュニケーション能力の不足からいじめにつながることもあります。一方、一旦加害者になると歯止めがきかないという問題もあります。たとえば「首を絞めるふりをしたら」と言われて「実際に絞めてしまうような」場合です。

学習障害では学業不振からいじめにつながります。

子どもたちのいじめの構造は単純ではありません。加害者=悪者、被害者=かわいそうとはならないこともあります。

以前に4000人の小中学生を対象として調査をした結果では1年間にいじめの被害にも加害にも参加していない子どもは半数、6人に1人はその両方を経験していました。すなわち子どもたちはどちらにもなりうるということです。

外来診療で16歳以上の発達障害を抱えた方を診察するときには、必ず小中学校時代のいじめの被害の経験を聞いています。約70%の方はいじめの経験があったと答えており、一番ひどかったのは中学生のときという答えが多くありました。

小中学生を診ていていじめの問題がありそうな場合には、基本的に学校に問い合わせますが、残念ながら現在でも「調べたがなかった」という回答が多く見られます。そもそもいじめがあっても子どもが登校している限り、学校は「大したことはない」と考えがちです。

いじめは隠れて行なわれることが多いので、ADHDではお互いにふざけあったり、高機能自閉症では周りの子はからかっていただけだと逃げられたりして、いじめではないと学校側が認識しているケースがいまだにあります。

最近ではいじめが疑われる場合には、「解決まで休ませます」と保護者から学校に伝えてもらうことをすすめています。そうでなければ子どもを守ることができないかもしれませんし、学校に来ないとなれば真剣に対応を始めることが多いと感じています。

程度によっては早期から弁護士を交えた相談をすすめています。最近では携帯電話に加えてインターネットやスマートフォンのLINEを使ったいじめも増加しており、以前より複雑化している印象があります。

もちろん衝動的な行動で周囲を敵に回す、相手の顔を見て話すことが苦手、小さな声でしか話せない、これらについてはLSTが有効であることはお話ししたとおりです。

性の問題

性の問題は中学生以降では非常に重要になります。

とくにADHDでは性的非行に至る場合もありますし、逸脱行動に至る場合もあります。気になった人がいるとすぐ近づいては振られることをくり返すというパターンが多くあります。また、デートに誘うけれども、時間を忘れて間に合わないとか、デートの最中に気に入った人を見つけると追いかけてしまうとか、チャンスはたくさんつくるものの、実際には関係が続かないことがよくあります。

しかし、同時に複数のセックスパートナーができたり、避妊を忘れたりするなど、性的逸脱行動をとり始めると、トラブルにつながることもあります。

また、行為（素行）障害の場合は、性暴力がかなりの頻度で起きています。暴力は1回でも使うと、それに抵抗がなくなり、司法の介入が必要になることもあります。

高機能自閉症では、一部に性的なこだわりを持っているケースもありますが、一般的には情緒的な思春期が長い傾向があります。

中学生になると好きな女子に対してキスしたいとか、手をつなぎたいとか、場合によっては、セックスしたいとか思うことが一般的には多いのですが、高機能自閉症を抱えていると、思い描いているだけで、なかなか直接的な性行動には出ないことが多いようです。また場の状況が理解できないため、立派なメールは書くのですが、いざ会うと、きちんと話せないですぐに振られるということもあります。

ときに思い込みからの性非行もあります。「田中さんはいつもぼくのことを見ているから好きに違いない」と思い込んでストーカーになるというようなことです。

高機能自閉症を抱えている男子のなかには中学生、高校生になると、自分の性器に触りたがる子も少なくありません。これもLSTでお話ししましたが、触るなという禁止語ではなく、鍵を握り締める、手を握り締めるなどの代替行動に導くことが鍵です。

女子の場合も外陰部に触りたがる場合がありますが、これは男子に見つかると性被害につながるリスクもあるので、とにかく早めに代替行動の練習をしてもらいます。

私の外来診療でも女子が性被害に遭うケースがあります。たとえば街で初めて会った男性に「君のようにきれいな人は見たことがない」と言われて真に受けてホテルに連れ込まれ、性感染症を移された高校生がいました。知らない男の人にはついていかないという話を、以前は高校卒業の頃にしていましたが、最近では中学生のときでも機会があればしています。

非行

たとえばADHDを抱えていると、衝動的な行動が他人に害を与えたり、不注意からけがをさせたりすることもあります。

向こうに人が立っているのに気づかずに腹を立てたので、前にある看板を蹴り、その看板が相手に当たって重傷を負わせたということもありました。また、後ろから人が来ているのに気づかずに「ああ、疲れた」と背伸びをしたらその人とぶつかって、相手の顎の骨を折ったということもありました。

積極的な犯意はないものの、結果責任としては当然追及されます。反抗挑戦性障害から行為（素行）障害になれば非行の回数も種類も増加します。

さらに反社会的人格になれば塀のなかの生活が長くなるかもしれません。子どもの時期からのLSTで無用のトラブルは避けましょう。

高機能自閉症の場合、聞くとしてみたくなる実験型では、包丁で刺してみたら人が死ぬ、と聞いたから刺してみたという事件がありました。性的なものにこだわり、女性の外陰部を見たくていきなり脱がせてしまうといったこともあります。

一般には仕返し型の非行が多いと感じています。何かを隠されたから、相手に悪口を言われたから、刺したという場合です。消しゴムを隠されたから、100円玉を取られたから、相手の喉元にハサミを突きつけたという子どももいました。先に悪いことをしたのは相手だから、ぼくは仕返しをしただけだと言い張ります。このケースで塀のなかで暮らしている大人も多いそうです。

このようなハサミのケースも2回経験しましたし、それに似たケースもありましたが、学校の対応は「危ないからハサミを持ってくることを禁止した」でした。それだけではまた似たようなことが起きるかもしれませんし、今は大丈夫に見えても5年後はわかりません。

この場合、消しゴムを隠す行為や100円玉を取るという行為に100円、ハサミを突きつける行為には1万円という値段をつけます。すると「100円取られたから1万円取り返していいのかな」と考えさせることができます。行動に値段をつけると、2つの行動には「差」があることが理解しやすくなります。「値段」をつけて考えるという方法は、簡単ですが意外に役に立ちます。こうしたLSTが、より大きなトラブルに遭遇しないためにも重要です。

ただしお手伝いに「値段」がつき始めるとエスカレートする傾向があります。そんなときには、「そこまで言うなら朝昼晩の食事代をもらうよ」と言えばだいたい落ち着くようです。

学習障害で「ばかばか」と言われて、やけっぱちになって犯罪に走るというケースもあります。一般的に、非行の問題はセルフ・エスティームが低い場合に、より起きやすくなると感じています。

選択性緘黙

選択性緘黙《かんもく》(selective mutism、場面緘黙ともいう)は、会話の能力そのものには問題はありませんが、特定の場面で話すことができなくなるものです。高機能自閉症にもしばしば合併します。

経験上は女子のほうが多いです。多くは家庭など閉鎖的かつストレスの少ない環境では話すことができますが、学校や公共交通機関など開放的で騒がしい空間では話すことができなくなります。

就学前にすでに症状が出ていることが多いですが、気づかれるのは圧倒的に就学後の小学校低学年です。学校で話すことができないことに気づかれ、話すように強制されてあるいは指示されて一層話すことができなくなり、緘黙は強化されていきます。

行動面での問題が少ないので、ゆったりと過ごすこと、あまり口数の多くない同性の友人をつくることをすすめています。

担任が「私が何とかしてみせる」と意気込んでも、成功した場合を見たことがありません。気長に構えて少しでも子どもをリラックスさせることが基本です。一般にはあまり知られていない病態ですが、知っておく必要があると思います（場面緘黙児支援のための情報交換ネットワーク団体「かんもくネット」http://kanmoku.org/）。

うつ病

小児期にもうつ病が見られることは、最近知られるようになってきました。うつ病はセルフ・エスティームが低い場合や喪失体験に伴って発病することが多いことが知られており、発達障害にもしばしば合併します。しかし、診断が適切にされていなかったり、不適切な投薬治療がされたりしている場合もあります。

内科を受診することが多い大人のうつ病に比べ、小児科を受診するうつ病の子どもは多くはありません。その理由の1つは子どものうつ病では成人のうつ病ほど典型的な症状を示すとは限らないからです。最初は頭痛、腹痛などの不定愁訴や学校への行き渋りなどがしばしば起こります。

子どもが症状を強く感じていても、周囲からは認識されにくいので、保護者がそれを病気だと認識しなければ小児科の受診にはつながりません。不定愁訴や行き渋りに対して、医療機関を受診する代わりに、気のせい、もっとがんばってなどという言葉が浴びせられて、不適切な励ましや強制を受けているケースもあると思われます。

発達障害を抱えている場合には、セルフ・エスティームが低くなりやすく、失敗という喪失体験に遭遇しやすいことから、思春期以降ではしばしばうつ病の合併が見られます。

成人ではSSRI（Selective Serotonin Re-uptake Inhibitors：選択的セロトニン再吸収阻害剤）やSNRI（Serotonin and Norepinephrine Re-uptake Inhibitors：セロトニン・ノルアドレナリン再取り込み阻害薬）などの新しい薬剤が一般的に使用されるようになってきていますが、小児での効用や副作用については十分にあきらかにはなっているとはいえません。

治療の基本は、子どもの話を聞くこと、リラックスや休養、軽い運動（軽く汗ばむ程度）などをまずすすめており、補助的にSSRIなどを使用することもあります。不登校が続いている場合には、経験上、治療が長期化することが多い印象があります。

チックとその周辺

チックは単純型のチックと多発性のチックに分かれます。

単純性のチックは、まばたきをする、肩をすくめるなどの動作をくり返します。4～7歳の男子に多く見られます。症状が変わることはありますが、一度に複数の症状が出ることはまれで、多くは放置していて自然に消失します。何かに集中しているときには出にくい傾向があります。

多発性のチックは、トゥレット症候群と呼ばれることが多いです。複数の症状が同時に見られることと、しばしば音声を伴うことが知られています。音声は「アッ」「ウッ」などの短いものから、「バカ」とか「チンチン」などの普通は口にしない言葉を口にすることがあるといわれています。

ADHDに合併することが多いのですが、ときに高機能自閉症での合併もあります。ADHDの場合には治療薬のコンサータ（メチルフェニデート）がチック症状を悪化させることが知られています。後述の強迫性障害を合併することも多いとされています。

自然経過で軽快することもありますが、症状が強くなると日常生活にも影響してきます。とくに音声チックは周囲が気にするようになりますので、その場合にはドパゾール（L-ドーパ）やリスパダール（リスペリトン）などの薬物療法を行なう場合もあります。最近では、認知行動療法（Cognitive Behavioral Therapy：CBT）を行なう施設も一部あるようです。

強迫性障害

強迫性障害（Obsessive and Compulsive Disorder：OCD）とは、いつまでたっても手を洗い続けるとかドアノブをふき続けるとか、たとえば清潔ではないという強迫観念があると、それに沿った行動をすることが止められないという状態です。手を洗い続ける子どもは、夏でも手が赤く荒れているので見ただけでわかります。

トゥレット症候群から移行することも多く、ＡＤＨＤに合併することも多いのですが、高機能自閉症に合併することもあります。また、強迫性障害として受診してからＡＤＨＤ、とくに不注意優勢型に気づくこともあります。

強迫観念に基づく行動をやめさせようとしてもうまくいきません。その行動を自分で否定しないように、少しずつ慣れて減らす指示から始めることが多いのですが、実際にはＳＳＲＩなどの薬物療法を併用することが多くあります。

強迫観念が発生する過程では、セルフ・エスティームの低さが影響している場合もあるので、ＬＳＴが必要な場合もあります。

発達協調性運動障害

歩く、走るなどの基本的な運動発達には大きな遅れはありませんが、ボールを投げる、ボールを蹴る、縄跳びをする、ペダルを漕ぐ、などの多種の筋肉の協調を必要とする運動において上手にできないという特徴があります。

ＡＤＨＤや高機能自閉症でもしばしばこの運動障害を合併しており、そのことで日常生活での困難が増強している場合もあります。つまり「座る」ことはできても「長い時間座り続けられない」といった場合などです。

たとえば、下の写真のように小さな子ども用のトランポリンを用いて、ジャンプやけんけん、スキップの練習をしたり、棒にぶら下がるトレーニングをすることで、重心のコントロールを学習させるなどの対応を外来診療の合間にも行なっています。

運動機能は獲得できる能力なので（泳げるようになれば忘れませんし、自転車を漕げるようになればいつでも乗れます）、できるようになれば自信もつきますし、セルフ・エスティームも上昇します。

不器用であるという一言で片付けるのではなく、できないことは手伝ってもいいからできる工夫をしてできるようにすることをめざしたいと考えています。

トランポリンを使って重心のコントロールを学習させます

こうしたぎこちなさが一番目立つのは5〜7歳頃で、10歳を過ぎると多少目立たなくなります。とくに体幹の筋肉を鍛えることが大切です。そのためのいろいろな方法を考えていますが、目標は1人で雲梯《うんてい》ができるようになることです。そうすれば体幹の筋力もバランス能力もかなり向上してきます。

第7章 子どもを支えるということ

学校に行っている子どもたちを支えるためにはいろいろな技術的対応が必要です。ここまでにお話ししてきたLSTもそうですが、それ以外にも子どもへの対応において重要なことがいくつかあります。

また、知能検査などの考え方や、発達障害と診断した場合の告知と需要などについてここではお話しします。

子どもたちの居場所をつくる

30人のクラスであればそのなかの1人の加藤君は先生から見れば30人のうちの1人、すなわちone of themに過ぎません。しかし加藤君自身や加藤君の保護者にとっては加藤君はonly oneです。ここには落差があり、only oneを大切にすることを忘れると子どもも保護者も不安になります。

人は集団のなかにいるとき、比較的快適な立ち位置があります。

これは物理的だけではなく、心理的にもそうです。それぞれの子どもたちが自分にとって快適な立ち位置をクラスのなかで確保できればすばらしいと思います。これはクラスのなかだけではなく、家庭においても同じです。

学級運営では個々に対応すると同時に集団対応も必要です。集団対応がうまくいかないと学級崩壊などの事態が起きることもあります。学級崩壊が起きた後で介入したことがありますが、先生が個々の子どもの状況をあまりにも把握していないことに驚いた経験があります。

子どもは出席番号と名前だけではありません。先ほど「3つのよいところ」をあげるトレーニングを紹介しましたが、個々をきちんと把握できていないのに集団をコントロールしようとすると、とくに小中学生ではうまくいかないことがあるかもしれません。

また、集団をコントロールするためには、共通の目標を持つことが有効です。共通のものに興味を持とう、共通の話題で話してみよう、それをグループでしてみよう、といったアプローチがクラスの緊張を解き（ice-breaking）集団の形成につながります。

たとえば、学校活動のときにいきなりテーマに入るのではなく好きな食べ物の話題から入ることで緊張感は和らぎます。また、セルフ・エスティームの低い子に動物の飼育や植物を育てる、はじめのあいさつをさせるなど何らかの役割を与えて達成感を持たせることも重要だと思います。その子だけではなく取り巻く子どもたちを元気づけます。リーダー的な子どもを育てることも学級運営には大切ですが、仕組むよりも自然発生を待ったほうがよいかと感じています。

子どもたちに聞くこと

私のカルテの1ページ目には、子どもが5歳以上で会話が可能であればつぎのことが記されています。

・好きな食べ物
・嫌いな食べ物
・好きなスポーツ
・ファンになっている芸能人
・将来してみたいこと
・楽しかった思い出

すぐその子の問題点に注目するのではなく、まずはその子の全体像を少しでも知ろうと努力します。関連の情報を集めておくこと、面接や診療をする間に「世間話」をすることができます。

この世間話は、実は対人関係の潤滑油のようなものです。直接利害のない食べ物やスポーツの話は初対面でも比較的抵抗なくできます。そして周辺情報を得ていく過程で、その子の全体像に少しでも近づくことができるかもしれません。

医療の場だけではありません。学校でも家庭でも同じです。世間話ができるということは、煮詰まっていない関係性が存在するということです。必要なことだけ聞いていればいい、必要なことしか会話をしない、そうなってくれば関係性は煮詰まってきたり、希薄になってきたりします。その結果「あのときもっと話をすればよかった」ということにもなりかねません。

してはいけないことは3つです。

NEVER‼

・いきなり問題点に入ること

・善悪の判断を押し付けること

・結論を急ぐこと

いきなり問題点に入ることは、関係性を壊してしまう恐れがあります。感情的にならない、「1秒ルール」と「3秒ルール」（39ページ）を思い出してください。

不登校ということで子どもがやってきたとして「どうして学校に行かないの？　行ってみたら？」「はい」で片付けば簡単でしょうが、そうはなりません。そもそも相談の場に子どもが喜んで来ることは少ないですから、そう聞かれたら、答えないか帰ってしまって二度と来ません。

私たちにできることは世間話をしながら、少しでも子どもが将来への展望を持つことのお手伝いをすることや、背景に発達障害を抱えていれば適切にLSTを考えることです。再登校するかどうかを決めて実行するのは子どもの仕事です。

タバコを吸っている中学生に「タバコを吸うのは悪いことだ」と言ってみても、そんなことはわかっていますから反発されるだけです。私たちだって他人から自分の行動を善悪で判定されることはうれしいことではありません。子どもたちも同じです。

「タバコを吸っているなんて残念だ」と言えば、そこから子どもはどうするかを自分で考えることになり、反発はできません。

「家でたくさんお手伝いをするのはいいことだ」と言われても別に子どもはうれしくはありません。それよりは「お母さん助かった、ありがとう」のほうがその先につながります。

善悪で判定するときは基本的に「上から目線」のときです。子どもと大人では立場が違いますが、つねに上から目線で子ども扱いをし続けていると、子どもからは信頼される大人としては認めてもらえなくなってくると考えています。

特別支援教育

私は特別支援教育の専門家ではありませんし、その成り立ちや構造にもくわしいわけではありませんが、職業上、かかわる機会は多い分野です。

文部科学省では「個々に合わせた指導」を要求していますが、実際の現場では「マンパワーが足りない」「加配をつける予算がない」などから、自治体によっても対応はさまざまです。加配や保護者の付き添いなどについても対応は市区町村、小学校単位でさまざまです。たとえば通級指導教室にしても、そこで何をするのか、原級との連携はどうするのかなどの課題がありますし、それらは多くは現場に任されています。週に2回の通級ができるところがあるかと思えば、申請して1年以上待たなければいけない市区町村もあるようです。

発達障害を抱えている場合には、アメリカでは基本的に個別教育プログラムと個別教育プログラム（Individual Education Program：IEP）を作成することが義務付けられています。個別教育プログラムとは、個々の子どもの生活能力や学習能力を具体的に評価し、それぞれに「具体的」な達成目標を作成します。一定期間の後にその結果も判定します。

わが国では通常学級に在籍している場合には基本的に作成されませんし、特別支援学級に在籍していても作成されていない場合もあります。もし作成されていたとしても、「計画」だけであることが多く、時間経過のなかでどうなったかの「評価」はしばしば欠落しています。

私は通常学級に在籍している子どものIEPづくりをお手伝いすることもありますし、民間機関に依頼することもあります。就学のときに共通理解を得るための書式については、前著『自閉症スペクトラム障害』（岩波書店）をご覧ください。

子どもたちに必要な特別支援教育を届けることはまさに望まれることですが、子どもたちやその所属する学校とかかわっていると、「このまま現状は変わらない」という認識をされていることが多いことに驚かされます。

子どもたちは変えようとしなければ変わりません。すべての子どもたちがだれもが納得できるまで変わるわけではないことは私も承知していますが、「変えられることは少なくない」ということは、この業界で40年になった私の実感でもあります。

通常学級では学習指導要領に沿って学習が展開されます。もちろんそれらをマスターできればいいのですが、どうしても苦手な部分が残る子どもたちもいます。

算数障害を抱えた子どもたちに二次関数の問題を出しても無理ですし、発達性読み書き障害を抱えた子どもたちに書けない漢字を何度もなぞらせても苦痛なだけで書けるようにはなりません。論理的な考え方を身につけるうえでも二次関数を教えることを否定しているわけではありませんが、大人になって社会で生活するときに何が必要かという観点からも特別支援教育を考えてみる必要があるかもしれません。

個人的には中学生でも基本的な刑法と民法の知識は持っていてもいいと思います。そのほうが大人になったときに役立つように感じているからです。

障害者への配慮

障害を理由とする差別の解消の推進に関する法律（略称は障害者差別解消法）が平成28年4月から施行されます。このなかで、障害者に対する合理的配慮を行なうことが定められています。

内閣府ホームページでのQ＆Aでは、合理的配慮とはつぎのように定義されています。

「合理的配慮とは、障害のある方が日常生活や社会生活で受けるさまざまな制限をもたらす原因となる社会的障壁を取り除くために、障害のある方に対し、個別の状況に応じて行われる配慮をいいます。典型的な例としては、車いすの方が乗り物に乗る時に手助けをすることや、窓口で障害のある方の障害の特性に応じたコミュニケーション手段（筆談、読み上げなど）で対応することなどが挙げられます」

発達障害を抱えている方たちへの合理的配慮が必要であることは言うまでもありませんが、私は「障害」のレッテルを貼ることよりは抱えている困難にまず対応することが先決だと考えています。ですから本書でも発達障害の解説の前に、実際の技術的対応のお話をしました。

現状では診断がつくことによって教育的あるいは福祉的な支援が受けられるということも事実であり、診断の重要性はもちろん認識しています。しかし、ＡＳＤやＡＤＨＤの診断をしても1人ひとりの症状や抱えている困難は同じではありません。ですから配慮は障害名ではなく、実際に抱えている困難に対応して行なわれるべきだと考えています。

心理検査・知能検査

発達障害を抱えていると、すぐに心理検査や知能検査をすすめられることがあります。市区町村の教育センターによっては診断があれば全員受けるべきだとしているところもあります。

小中学生を対象とした検査で、現在、もっともよく行なわれているのはＷＩＳＣ-Ⅳ（Wechsler Intelligence Scale for Children 4th Edition）であると思います。またその前のＷＩＳＣ-Ⅲを使用しているところもあります。

ＷＩＳＣは標準化された優秀な検査法の１つですが、その結果は絶対的なものではありません。個人の知的能力という、いわば時間経過も入れれば４次元のものを２次元の定規で図っていると考えていただいて結構です。また、検査者の習熟度によっても結果に差が出る場合もあります。

発達障害を抱えていると、高機能自閉症では日による調子の差が激しかったり、検査の途中でこだわりのある物に出合ったりすると先に進めなくなったりすることがあります。ＡＤＨＤでは注意散漫になって検査に集中できなかったり、検査をしているうちに飽きてしまったり、突然別のことをしたくなったりすることもあります。学習障害でとくにディスレクシアでは、視覚課題でのつまずきから思いがけないような結果になる場合もあります。とくに発達障害を抱えているときにはあくまで参考程度の検査で、むしろどこに弱点があるのかを探すために使うことも少なくありません。

しかしながら学校現場では全検査ＩＱ（計算で出てくる数値でこれがいわゆる知能指数になります）の数字が低ければそれを理由として、通常学級から特別支援学級への転籍をすすめられることもよくあります。たしかに知的障害の場合には、ＷＩＳＣでのＩＱは低く出ますが、ＷＩＳ

CでのIQが低ければすべてが知的障害かというと、そうとは限らないということです。

表⑧は10歳の発達性読み書き障害の子どもの結果です。語彙が少なくて単語の意味を答えるのが苦手なことや、視覚的に部分を捉えることが苦手であること、言葉を耳で聞いて一時的に記憶することが苦手であるなどの理由によってこのような結果になったようです。

しかし、日常会話はほぼ普通にできますし、昨日の夕食の内容も話すことができます。学校ではこの結果をもとに特別支援学級への転籍を示唆されましたが、まずはディスレクシアに対するトレーニングを開始することにしました。

表⑨は11歳の高機能自閉症を抱えた子どもの結果です。全検査IQが高くなれば下位尺度のばらつきは大きくなります。耳で聞いて覚える能力はすばらしく高いのですが、視覚的に系統

表⑧　WISC−Ⅳの結果❶（10歳の発達性読み書き障害の子ども）

全検査IQ	51
言語理解指数	64
知覚推理指数	63
ワーキングメモリ指標	52
処理速度指数	58

表⑨　WISC−Ⅳの結果❷（11歳の高機能自閉症を抱えた子ども）

全検査IQ	120
言語理解指数	103
知覚推理指数	118
ワーキングメモリ指標	128
処理速度指数	96

的に整理する能力がやや低いことが見て取れます。学校では国語の作文がまったくといって書けないことや、授業を聞いていないことが多いことなどからやはり特別支援学級への転籍を示唆されましたが、WISC-Ⅳの結果をくわしく説明し、どのような対応が有効かを示して、LSTを開始しました。

しかし、IQの数字は数値として示されるために、そのまま障害の尺度と認識されていることも少なくありません。知的障害の診断基準は「知的能力が低いこと」ではなく、「知的能力が低いために社会生活上の困難を抱えること」です。

先ほどの「合理的配慮」にもつながりますが、1つの物差しだけで個人全体を判断してしまうことの危険性は理解しておく必要があると考えています。

『13歳のハローワーク』

村上龍さんの書かれた『13歳のハローワーク』という本があります。数年前に改訂され、掲載してある職業も600を超えました。

子どもたちに「大きくなったら何になりたい?」と聞いてみても、知らない職業は選べません。早い場合には小学校高学年から、場合によっては大学生までどんな職業があるかを知るために使ってもらっています。中学校や高校の図書館にはたいがい購入されています。

使い方ですが、付箋紙を赤と青の2種類用意します。読んでみて向いていると思った職業には青の付箋紙を、向いていないと思った職業には赤の付箋紙を貼っていきます。

読み終わって貼られた付箋紙をチェックしてみると、バラバラに赤と青が混在していることはまずなく、多くは分野ごとにきれいに分かれます。自分の発達特性やコミュニケーション特性、好きなものなどに分けていく基準になると思います。また、将来の職業選択にも目標ができやすくなります。

『13歳のハローワーク』（村上 龍著、幻冬舎、2003）

告知と受容

「自分はどこかほかの人と違っている」と子どもたちが感じる時期がやってきます。個人差はあるのですが、小学校高学年から高校生くらいのあいだが多いと思います。成人などは「自分と他人との差は何なのかを教えてほしい」と、最初から要望されることもあります。「自分と他人はどこか違う」と思春期の子どもたちが考え始めてもなかなか結論は出ません。そういうときにはお手伝いをすることがあります。

告知の年齢はとくに決まっていませんが、「違いを理解しないと悩み続けてセルフ・エスティームが下がる」「違いを理解することで将来目標が設定しやすくなりセルフ・エスティームが上がる」時期がよいのではないかと考えています。

もちろん子どもたちにいきなり診断名を告げるのではなく、「田代君の得意なところと苦手なところ」のような表を保護者と相談して作成し、それをもとにどのように得意でないところに対応するかを考えます。

私は基本的にパワーポイントを使用しています。人よりも得意なところの再確認から始めて、困難さへの対応、そして将来計画ということになります。スライドが20枚くらいになることが多いので、だいたい1時間くらいかかります。

もちろん保護者には同席してもらいますし、場合によっては心理職や学校の先生に同席していただくこともあります。一度話せばそれで終わりということではなく、つぎつぎに疑問が沸いてくることもありますので、1カ月後と6カ月後にはフォローをしています。

告知したからすぐに受容ができるとは限りません。数カ月以上かかることもあります。とくに思春期には「心理的な不安定さ」を抱えていることもありますので、受容させることを急ぐというよりは「いいところ探し」を続けるという感覚でフォローしています。

成人の場合など、最初に「違いを教えてほしい」という要求があったときには、得意なことと苦手なことの仕分けをして、基本は得意なところを伸ばす、どうしても苦手なところは対応を教えますが、こだわる必要のあまりないものにはこだわらないようにお話をします。

これにより「努力すればできるもの」と「努力してもそう簡単にはできないこと」の仕分けができますので、かなりの方がスッキリとされるようです。もちろん二次障害がすでにある場合には、二次障害への治療が必要になる場合もあります。

いずれにしても診断名が中心になると、インターネットなどで調べると真偽取り混ぜた情報に接してしまい、自分の「得意なところ」を診断名に隠れて見失ってしまうことがあるので、この点には注意が必要です。

告知を受けた後のカミングアウト（coming out）はどうでしょうか。

私は本人がカミングアウトをすることはすすめていません。とくに成人の場合がそうなのですが、発達障害についての理解が社会的にも十分ではないなか、カミングアウトすることによって「努力不足を障害のせいにしている」「障害を抱えているのだから一緒に仕事はできない」などと理解され、社会生活上の問題点や不都合を障害のせいにしているとみなされることがしばしばあるからです。

必要なときには診断書を作成することもありますし、教職員や会社の上司などに来ていただいて説明をすることもあります。説明は心理職でもかまわないと思いますが、ていねいに行なうべきだと考えています。

GOAL

大人になって社会で暮らしていくためには、「がまんが必要なときにがまんをする」「社会的ルールを守る」「基本的な社会習慣を守る」などは大切なことですが、これだけでは発達障害を抱える人たちは、特性を発揮できる場所があるとは限らないので生きづらくなりかねません。どのようにして本人がパワーを発揮できる場所をつくるかという視点が現実に必要です。

これまでにもさまざまなところで触れてきましたが、目標は2つです。

1つ目は、自分に自信の持てるセルフ・エスティームの高い子に育てるということです。そのためにはここまでにお話ししたようなLSTも使って、子どもを育てていくことが大切になります。

2つ目は社会で生きていけるように育てるということです。これは社会生活習慣を身につけるということだけではなく、自分で稼げるようにするということが必要です。先ほどお話しした『13歳のハローワーク』も使って、10歳を過ぎたら将来目標を持つということも視野に入れていく必要があります。

漫然と高校に行って、大学に行ってと考えているだけでは人生設計はできません。これらは発達障害を抱えていてもいなくてもすべての子どもたちに言えることですが、行動やコミュニケーションの課題を抱えているときには、より意識していく必要があると考えています。

小学生から中学生、高校生と子どもたちは年々、大人に向かって階段をのぼっているようなものです。私たちは代わりに階段をのぼることはできませんが、つまづいたり落ちたりしないように援助することはできます。

とくに発達障害を抱えている場合にこだわるわけではありませんが、彼らが無事に階段をのぼり、成人になったときに「社会で生きていけるようにする」ことが私の発達障害診療においてもゴールだと考えています。

あとがき

「発達障害」のかけらは、大きいか小さいかは別としてすべての人が持っています。いわば「ありふれた」障害です。ですから発達障害を抱えた方が社会生活のなかで直面していく困難は、私たちにとっても無縁ではなく、発達障害を抱える子どもたちへの対応も、考えて系統的に練習すれば、だれにでもできるようになることは容易に理解できると思います。

わが国では、医療や保健、福祉、教育も含めて発達障害に対応する社会資源はまだまだ不足しています。しかし、教育の現場にはありふれた障害を抱える子どもがたくさんいます。まずは教育に携わる方たちが、そのような子どもたちへの対応の方法論を身につけて実践していただくことが必要だと思っています。どのように対応するかで、子どもたちの未来は変わります。これは家庭でも、子どもたちにかかわっていく医療機関でも同じだと考えています。

成人の発達障害を抱えた方たちとお話しをすると、しばしば子ども時代の話になります。いじめだとか友人関係のトラブルだとか必ずしも楽しい話ばかりではありませんが、「自分を大切にしてくれた先生」がいた場合には、とても楽しそうに話をしてくれます。それが20年前、30年前であっても昨日のことのように話します。

そのような話を聞いていると、いろいろと苦労してきたなかで「記憶に残る先生」がいたことが、その後の彼らの人生にとって支えの一部であったことがわかります。子どもたちを猛特訓してスポーツの全国大会に出た、有名中学にたくさん送り込んだなど「記録」に残る教師よりも、そんな「記憶」に残る先生が1人でも増えていただければと思っています。

教育に与えられている時間というのは、長いようで長くありません。小中高と全部足してもたった12年です。子どもの人生を仮に80年だとすると、たった15％に過ぎません。しかし、その15％をどのように過ごし、そこでどのように扱われるかによって、残りの70％以上の人生の質は大きく変わると思います。学校は期間限定の社会資源ですが、期間限定であるからこそ、その期間が子どもたちにとって「素敵な記憶」であってほしいと考えています。

くり返しますが、発達障害はありふれた障害です。どこでも見かけますし、ときには困難を抱えていることもありますが、また別のときには能力を発揮しているかもしれません。

子どもの時期を上手に乗り切るか乗り切らないかで子どもたちの未来は大きく変わってきます。私たちは「同じ空気」を吸っています。その同じ空気を同じ場所で吸うことができるように、子どもを取り巻く方々と協力していければと願って本書の筆を執りました。

最後になりますが、本書の出版にあたり、さまざまなご指摘やチェックをしていただいたあきやま子どもクリニックの秋山千枝子先生、埼玉教育技術研究所の長谷川博之先生、合同出版編集長の坂上美樹さん、編集部の金詩英さん、イラストをていねいに書いていただいた藤原ヒロコさんに心より感謝いたします。

２０１５年7月　平岩幹男

参考図書

ライフスキル

Life skills education for children and adolescents in schools. In programme on mental health. World Health Organization. Geneva 1997

『自閉症・発達障害を疑われたとき・疑ったとき――不安を笑顔へ変える 乳幼児期のＬＳＴ』（平岩幹男著、合同出版、２０１５）

とくに未就学児の保護者を対象としてまとめられていますが、医療・保健・福祉の領域で仕事をされている方にも役立つと思います。

発達障害全体

『みんなに知ってもらいたい発達障害――高機能自閉症とＡＤＨＤを中心に』（平岩幹男著、診断と治療社、２００７）

発達障害について私が初めてまとめた本です。高機能自閉症とＡＤＨＤが中心です。

『発達障害の理解と対応 改訂第2版（小児科臨床ピクシス2）』（平岩幹男専門編集、中山書店、２０１４）

発達障害全般についてまとめました。いろいろな方にご協力いただきました。

『幼稚園・保育園での発達障害の考え方と対応』（平岩幹男著、少年写真新聞社、２００８）

幼稚園・保育園でのＡＤＨＤや高機能自閉症についての考え方や対応をまとめました。

『幼稚園・保育園での発達障害の考え方と対応――役に立つ実践編』（平岩幹男著、少年写真新聞社、２０１０）

実際の対応を中心にまとめました。

『地域保健活動のための発達障害の知識と対応――ライフサイクルを通じた支援に向けて』（平岩幹男著、医学書院、２００８）

保健師や行政関係者への発達障害についての解説が中心です。

『発達障害――子どもを診る医師に知っておいてほしいこと』（平岩幹男著、金原出版、２００９）

小児科を含めた医師向けの本です。表現はなるべくやさしくしました。

『発達障害がある子のためのおうちでできる就学準備――小学校が楽しくなる療育プログラム』（道城裕貴・寺口雅美著、合同出版、２０１６）
学校の予行演習を家庭で行なうための具体的なやり方をまとめています。

『特異的発達障害 診断・治療のための実践ガイドライン――わかりやすい診断手順と支援の実際』（稲垣真澄編、診断と治療社、２０１０）
小枝先生のＲＴＩモデルについてもくわしく説明されています。

『乳幼児健診ハンドブック 改訂第3版――発達障害のスクリーニングと5歳児健診を含めて』（平岩幹男著、診断と治療社、２０１４）
乳幼児健診全般およびＡＳＤについてもまとめています。

『不登校・いじめ――その背景とアドバイス（小児科臨床ピクシス15）』（平岩幹男専門編集、中山書店、２０１０）
不登校・いじめについてまとめましたが、発達障害との関連にも触れています。

自閉症について

『自閉症スペクトラム障害――療育と対応を考える』（平岩幹男著、岩波書店、２０１２）
スペクトラムとしての自閉症について療育的な対応も含めてまとめました。

『あきらめないで！ 自閉症 幼児編』（平岩幹男著、講談社、２０１０）
幼児期の自閉症を中心として診断や療育にも触れています。

『ＡＵＴＩＳＭ』（アメリカ小児科学会編／岡明・平岩幹男監訳、小児医事出版社、２０１５）
アメリカでの自閉症の診断から対応、療育福祉サービスについてまとめられています。わが国との差に愕然とする部分もあります。

『わが子よ、声を聞かせて――自閉症と闘った母と子』（キャサリン・モーリス著／山村宜子訳、ＮＨＫ出版、１９９４）
アメリカでの自閉症への対応の経緯がよくわかります。

『アスペルガーの館』（村上由美著、講談社、２０１２）
当事者によるこれまでの経験や出来事についてまとめられています。

『自閉症スペクトル——親と専門家のためのガイドブック』（ローナ・ウィング著／久保紘章・佐々木正美・清水康夫監訳、東京書籍、１９９８）

ローナ・ウィングさんの名著です。

『高機能自閉症児を育てる——息子・Ｔの自立を育てた20年の記録』（高橋和子著、小学館、２０１０）

高機能自閉症を抱えた息子さんの幼児期から大学生までの記録です。問題点への対処も書かれています。

『アスペルガー症候群のある子どものための新キャリア教育——小・中学生のいま、家庭と学校でできること』（本田秀夫・日戸由刈編著、金子書房、２０１３）

就労を視野に入れた子どもへの対応がまとめられています。

自閉症療育について

『ＡＢＡプログラムハンドブック——自閉症を抱える子どものための体系的療育法』（Ｊ．タイラー・フォーベル著／塩田玲子訳／平岩幹男監訳、明石書店、２０１２）

ＡＢＡの全体がわかりやすく理解できると思います。

『自閉症を克服する——行動分析で子どもの人生が変わる』（リン・カーン・ケーゲル、クレア・ラゼブニック著／八坂ありさ訳、中野良顕監修、ＮＨＫ出版、２００５）

自閉症に対する評価やＰＲＴ的対応についても述べられています。

『自閉症スペクトラムへのＡＢＡ入門——親と教師のためのガイド』（シーラ・リッチマン著／テーラー幸恵訳／井上雅彦・奥田健次監訳、東京書籍、２０１５）

ＡＢＡ全般から地域での対応まで幅広く触れられています。

『家族の体験記から学ぶ 発達障がい ＡＢＡファーストブック』（上村裕章・吉野智富美著、学苑社、２０１０）

ＡＢＡについて療育の概要から家族の体験記までまとめられています。

『ＴＥＡＣＣＨビジュアル図鑑 自閉症児のための絵で見る構造化』（佐々木正美著、学習研究社、２００４）

小学校以上を対象とした目で見る構造化のガイドブックです。

『TEACCHとは何か――自閉症スペクトラム障害の人へのトータル・アプローチ』（ゲーリー・B．メジボフ、エリック・ショプラー著／服巻智子・服巻繁訳、エンパワメント研究所、2007）
TEACCHの全体についてまとめられています。

『自閉症児と絵カードでコミュニケーション――PECSとAAC』（アンディ・ボンディ、ロリ・フロスト著／園山繁樹・竹内康二訳、二瓶社、2006）
絵カード交換システム（PECS）についてまとめられています。

『ソーシャルスキルトレーニング（SST）絵カード』（ことばと発達の学習室M編著、エスコアール社）
いくつかのシリーズがあり、1日の生活の流れや危険回避などの練習に使えます。

その他

『13歳のハローワーク』（村上龍著、幻冬舎、2003）
600あまりの職業についてやさしく解説してあります。

『私はかんもくガール――しゃべりたいのにしゃべれない場面緘黙症のなんかおかしな日常』（らせんゆむ著／かんもくネット解説、合同出版、2015）
選択性緘黙についての入門書です。

『なっちゃんの声――学校で話せない子どもたちの理解のために』（はやしみこ著／金原洋治医学解説／かんもくネット監修、学苑社、2011）
選択性緘黙の学童期の対応についてです。

『気になる子どものできた！が増える 体の動き指導アラカルト』（笹田哲著、中央法規出版、2012）
運動が苦手な子のための指導書です。

●著者紹介
平岩幹男（ひらいわ・みきお）
1951年戸畑市（現北九州市）生まれ。1976年東京大学医学部卒業後、医学博士。三井記念病院小児科、1978年帝京大学医学部小児科、1992年戸田市立医療保健センターに勤める。2001年母子保健奨励賞、毎日新聞社賞受賞。2007年 Rabbit Developmental Research を開設。日本小児科学会監事、国立研究開発法人国立成育医療研究センター理事などを歴任。現在は公益社団法人日本小児保健協会常任理事、埼玉小児保健協会会長、東京大学医学部小児科非常勤講師、なかじまクリニック発達外来など。
・主な著書
『みんなに知ってもらいたい発達障害』（診断と治療社、2007）、『あきらめないで！　自閉症 幼児編』（講談社、2010）、『幼稚園・保育園での発達障害の考え方と対応——役に立つ実践編』（少年写真新聞社、2010）、『自閉症スペクトラム障害——療育と対応を考える』（岩波書店、2012）、『改訂新版乳幼児健診ハンドブック』（診断と治療社、2014）など。
・ホームページ　http://rabbit.ciao.jp/

装　　幀　宮坂佳枝
イラスト　藤原ヒロコ
組　　版　Shima.

発達障害児へのライフスキルトレーニング：LST
——学校・家庭・医療機関でできる練習法

2015年 7月15日　第1刷発行
2017年11月15日　第4刷発行

著　　者　平岩幹男
発 行 者　上野良治
発 行 所　合同出版株式会社
東京都千代田区神田神保町 1-44
郵便番号 101-0051
電話 03（3294）3506 ／ FAX 03（3294）3509
ホームページ http://www.godo-shuppan.co.jp/
振替　00180-9-65422

印刷・製本　新灯印刷株式会社

■刊行図書リストを無料進呈いたします。
■落丁・乱丁の際はお取り換えいたします。

ISBN978-4-7726-1245-6　NDC370　210 × 148